KB004590

자동으로
고수익을 창출하는
주식투자

감정에 흔들리지 않는 멀티 투자 시스템

자동으로 고수익을 창출하는 주식투자

로런스 벤스도프 지음
박성웅 옮김

일러두기

이 책에서 언급되는 방법, 기술, 지표 등은 미래 수익이나 손실과 아무런 관련이 없습니다. 과거의 결과가 미래의 결과를 반영하지 않기 때문입니다. 이 책의 사례는 오직 교육 목적으로 제시되었으며, 어떤 방식의 투자 권유도 포함하고 있지 않습니다. 저자, 출판사, 모든 관계자는 독자의 투자 결과에 대해 어떤 책임도 지지 않습니다.

모의 투자는 본질적인 한계를 안고 있으며, 모의 투자의 성과가 실전 투자의 성과를 보장하지 않습니다. 투자가 실제 진행되지 않기 때문에 유동성 부족 같은 특정 시장 지표들의 영향이 과소 또는 과대평가될 수 있습니다. 이미 확정된 결과를 바탕으로 투자가 설계되었다는 사실 또한 모의 투자 프로그램의 일반적인 한계입니다. 투자는 위험도가 매우 높은 행위로, 투자자 자신의 판단과 책임하에 진행하여야 합니다.

무한한 사랑으로 키워주신 아버지께.

지금은 하늘에 계시지만 하루도 당신을 잊어본 적이 없습니다.

가장 큰 보물 호세, 나티, 소피아에게.

너희를 키우면서 나에 대해 더 많은 것을 알게 됐단다.

훌륭히 자라줘서 고맙다.

주식 투자는 평온한 기분으로 돈을 버는 일이다

2009년 3월부터 10년간은 펀더멘털 투자[●]를 하는 이들에게 좋은 시절이었다. 시장이 계속 상승했기 때문에 주식으로 돈을 벌기가 쉬웠다. 하지만 확실히 해야 할 게 있다. 시장은 오직 오르기만 하거나 오직 내리기만 하지 않는다는 점이다. 그럼에도 많은 투자자가 시장이 지금처럼 계속 상승할 것이라는 믿음에 빠져 있다.

인간은 망각의 동물이다. 대부분 투자자는 2008년에 겪은 일을 잊어버렸다. 2018년 말에도 일시적인 하락을 보였지만, 이 책을 쓰고 있는 2019년 현재는 사상 최고점에 다시 가까워졌다. 당연하게도, 얼마 지나지 않아 강세장은 끝날 것이고 약세장이 다시 찾아올 것이다. 그 시점이 언제일지, 그리고 얼마나 심각한 상황일지 알 수 있는 사람은 없다. 다만 약세장이 시작되면 대다수가 생각하는

● fundamental investing. 매출액, 영업이익, 성장성 등 기업의 펀더멘털(내재적인 가치)을 기반으로 하는 투자를 말하며, 흔히 '가치 투자'라고 한다. 이에 대비되는 용어로 테크니컬 투자(technical investing)가 있는데, 주가나 거래량의 변동 등 과거의 데이터를 기반으로 하는 투자를 말한다. -옮긴이(이하 모든 각주는 옮긴이가 추가한 것이다.)

것 이상으로 힘들 것이다. 지금까지의 장세에 익숙해져 있기 때문이다.

나는 당신이 시장 상황과 관계없이 자산을 보호하면서 큰 수익을 확보할 수 있는 방식으로 투자하기를 바라는 마음으로 이 책을 쓰고 있다. 그러려면 시장이 상승하든 하락하든 횡보하든, 심리적으로 영향을 받지 않아야 한다. 시장의 움직임에 덩달아 흔들리다 보면 지난 10년간 벌었던 수익의 일부 또는 전부를 잃게 될 가능성이 상당히 크다. 어쩌면 반년도 걸리지 않아 빈털터리가 될 수도 있다.

나는 지금까지 많은 투자자를 만났는데, 자산 규모나 투자 성향은 저마다 달랐지만 한 가지 공통점을 가지고 있었다. 바로 '시장에 대한 두려움'이다. 주식 투자로 누구나 어느 정도는 돈을 번다. 수익이 날 때도 있고 손실이 날 때도 있지만, 시장 상황이 어떻게 변할지 늘 두려움을 안고 있다. 쉽게 말하면, 손안에 있다고 생각한 수익이 순식간에 사라질지도 모른다는 두려움이다. 심지어 시장이 상승할 때조차 하락을 걱정하면서도, 어떻게 대비해야 하는지는 대부분이 잘 모른다.

멀티 비상관 퀀트 투자 시스템

이 책을 읽고 있는 사람 중 대다수는 2008년 대폭락과 같은 엄청난 하락의 시기를 경험했을 것이다. 그때의 기억은 점점 희미해질 수도 있지만, 그 일은 실제로 일어났고 많은 투자자에게 영향을 미쳤다. 그래서 어떤 사람들은 투자 전문가에게 자산운용을 일임하기도 하지만, 대개 그들은 상승장일 때도 시장평균보다 못한 성과를 얻고, 하락장일 때는 더 큰 손실을 기록한다. 그런데도 여전히 그들은 '성과'에 대한 보수를 가져간다.

여기에 대안이 있다. 이 책에서 나는 '멀티 비상관 퀀트 투자 시스템(멀티 투자 시스템)'•을 소개할 것이다. 용어가 어려워 보여서 그렇지, 간단히 말하면 시장 상황과 관계없이 늘 수익을 창출하는 투자 방법이다. 상승장일 때는 물론, 하락장이나 횡보장에서도 이 시스템은 훌륭하게 작동한다. 투자자는 시장 상황에 대해서 조금도 걱정할 필요가 없고, 계속해서 부를 축적할 수 있다.

2017년에 나는 《30분 주식 투자자The 30-Minute Stock Trader》라는 책을 출간해 이 아이디어를 처음으로 소개했다. 이번 책에서는 그때보다 더 정교해진 방식을 소개하고자 한다. 시장 상황과 관계없이 위험조정수익률••을 개선하고, 투자의 목표를 분명히 하며, 자신의 위험 감내 수준을 바탕으로 투자 시스템을 구축하는 방법을 자세히 안내할 것이다. 투자 목표, 기대하는 투자수익과 감내할 수 있는 위

• multiple noncorrelated quantitative trading systems. '멀티'는 여러 개라는 뜻이고, '비상관'은 각 시스템의 성과가 서로 영향을 미치지 않는다는 뜻이며, '퀀트 투자'는 정성적인 부분을 배제하고 수치를 기반으로 투자한다는 뜻이다. 즉 멀티 비상관 퀀트 투자 시스템은 '성과의 상관관계가 없는 여러 개의 정량 투자 시스템을 통합한 것'을 가리킨다.

•• risk-adjusted return. 전체 자산의 수익률을 계산할 때 개별 자산의 위험도를 반영하여 조정한 것을 말한다. 개별적 위험을 고려하지 않는 총자산이익률(ROA)이나 자기자본이익률(ROE)보다 실제적인 수익률을 나타낸다.

험의 정도, 롱과 숏•의 선택, 선호하는 투자 스타일 등을 명확하게 정의함으로써 자신에게 적합한 맞춤형 시스템을 구축하도록 도울 것이다. 그런 시스템을 갖춰두면 당신은 두려움 없이 지속적으로 투자할 수 있다.

현재도 과거 주가 정보를 바탕으로 구축된 수많은 퀀트 투자 시스템이 존재한다. 시스템이 일단 구축되면 단순한 매수 및 매도 원칙을 설정하게 된다. 또한 특정 시장에서 정확한 통계적 수익을 확보할 수 있는 시스템을 개발하기 위해 그런 원칙들이 과거에 어떤 성과를 냈는지 확인하는 방법들을 보유하게 된다. 나는 이런 여러 시스템을 통합한 후 그것들을 동시에 운용해 성과를 기하급수적으로 개선하는 방법에 대해 설명할 것이다. 중요한 것은 개별 시스템의 성과가 아니라 기하급수적으로 우수한 성과를 창출하는 멀티 투자 시스템의 효과다. 앞으로 당신도 확인하겠지만, 여러 시스템을 통합하면 마법 같은 일이 일어난다.

이 접근법의 가장 핵심적인 부분은 일단 전략을 수립하고 투자 시스템을 구축하고 나면, 컴퓨터에 온전히 의지할 수 있다는 것이다. 시장 상황, 위험과 보상에 따라 느끼게 되는 편안함에 대한 당신의 가치와 믿음을 토대로 시스템이 만들어지기 때문이다. 따라서

• 롱(long)은 매수(주가의 상승에 베팅)를 의미하고, 숏(short)은 공매도(주가의 하락에 베팅)를 의미한다. 여기에서 공매도란 현재 주식을 보유하고 있지 않지만, 앞으로 주가가 하락할 것으로 예상해 빌려서 매도하는 것을 말한다. 빌려서 매도했기 때문에 언젠가는 시장에서 주식을 매수해 갚아야 하는데, 이를 숏 커버링(short covering, 환매)이라 한다. 우리나라의 공매도는 대주거래와 대차거래로 이뤄진다. 대주거래는 개인이 기관 투자자에게서 주식을 빌려 매도하는 방식이고, 대차거래는 장외 시장에서 외국인과 기관 사이에 행해지는 거래 방식이다.

대다수 투자자가 안고 있는 두려움에서 벗어나게 되며, 자신이 달성하고자 하는 목표에 맞춰 투자할 수 있다. 한마디로, 당신의 컴퓨터는 엄청나게 많은 일을 하지만 당신은 그냥 주문만 넣으면 된다. 심지어는 주문까지도 자동화할 수 있다. 실제로 나와 내가 가르친 학생들은 100% 자동화된 시스템을 가지고 있다.

이 책은 돈을 벌고 싶으면 내가 하는 것을 단순하게 따라 하면 된다고 말하는 요약본 같은 것이 아니다. 당신은 내가 아니기 때문에 나를 따라 하기만 하면 돈을 번다고 말할 수 없다. 당신의 목표, 소망, 공포, 심리 상태 등이 나와 전부 다르지 않은가. 따라서 내가 구축한 시스템 이면에 녹아 있는 개념과 내가 한 일을 먼저 설명한 다음, 당신이 구축할 수 있는 멀티 투자 시스템의 완벽한 구성을 차근차근 소개하고자 한다. 숨기는 것 없이 모든 매매 원칙을 이 책에 담을 생각이다.

나는 당신에게 어떻게 하면 내 시스템을 그대로 따라 할 수 있는지를 설명할 생각이 전혀 없다. 그 대신 당신이 이해하고, 수용하고, 앞으로 고수하게 될 자신만의 시스템을 구축하기 위해 나의 방식을 어떻게 활용하면 좋을지 보여줄 것이다. 시스템을 자신의 원칙에 맞게 운용하는 한, 당신은 수익을 창출하는 통계적 우위를 확보할 수 있다.

1995년부터 2019년까지 7개의 투자 시스템을 통합해 운용할 때의 백테스트 결과, 30% 이상의 연복리수익률CAGR, Compound Annual Growth Rate이 나왔다. 이는 하나의 예시이며, 누구나 자신에게 맞는 투자 시스템을 구축할 수 있다. 당신은 내가 지금까지 걸어온 길을 그대로 따라 걷는 것이 아니라 내가 설명하는 내용을 활용해 자신만의 길을 스스로 찾아야 한다. 이 책이 그 길을 찾도록 안내해줄 것이다.

주식 시장이 생긴 이래 전 세계 투자자들은 서로 다른 시장 환경을 경험해왔다. 예를 들어 미국에서는 1929년부터 1933년까지 대공황이 이어졌다. 1964년부터 1982년까지는 엄청난 인플레이션이 발생했고, 1987년에는 대폭락이 있었다. 과거를 연구하면 지금까지 발생한 일을 잘 이해하게 된다. 미래가 과거를 똑같이 재현하는 건 아니지만, 과거를 잘 분석하면 미래에 대해서도 어느 정도 대비를 할 수 있다.

만약 당신이 약세장의 경험을 바탕으로 시스템을 만들었다면, 지난 10년간 그 시스템은 큰 성과를 가져다주지 못했을 것이다. 하지만 약세장이 다시 찾아왔을 때 갑자기 그 시스템이 당신 재무 인생의 구원자가 될 수도 있다. 강세장에 적합한 투자 시스템을 보유한 사람의 경우도 마찬가지로 이야기할 수 있다. 지난 10년간 무난하게 수익을 거뒀겠지만, 어느 시기에 약세장이 찾아오면 더는 적합하지 않게 될 것이다. 과거 데이터를 활용하되 시장 상황과 관계없이 수익을 창출하는 방법, 그게 바로 멀티 투자 시스템이다.

만약 당신이 성과가 검증된 투자 시스템을 찾고 있다면, 이 책이 유용할 것이다. 손실에 대한 걱정은 하지 않고 부를 축적하는 통계적 강점을 확보하게 될 테니 말이다. 그러나 당신이 매매 자체를 즐기고, 뉴스 보고 투자하는 것을 좋아하며, 대부분 투자자와 마찬가지로 미래를 예측해 투자하는 것을 선호하는 사람이라면 이 책이 별로 도움이 되지 않을 것이다. 내 시스템은 시장의 역사를 되짚은 다음 미래의 성과에 대한 아이디어를 도출해내는 정량 분석을 기반으로 한다. 이것은 미래를 중시하면서 펀더멘털에 중점을 두고 주가 움직임을 예측하는 대다수 투자자의 접근법과는 완전 반대다. 펀더멘털 접근법은 성장성과 수익성 같은 다양한 요소를 분석해 투자 결정을 내리는 것으로, 세계적인 투자회사 버크셔 해서웨이Berkshire Hathaway의 워런 버핏Warren Buffett과 찰리 멍거Charlie Munger가 정형화한 방법이다. 나는 그들을 진심으로 존경하지만, 그들의 방식을 따라 하진 않는다. 예측 기반 방법을 사용하는 대신, 투자하기 전에 통계적 우위를 확인하는 것을 더 선호한다. 즉, 특정 주식의 펀더멘털을 분석하는 대신 역사적 주가 움직임을 분석하고 활용하는 것이 나의 방식이다.

내가 이런 방식으로 투자하게 된 계기

나는 전형적인 투자자가 아니며 투자 전문가는 더더욱 아니다. 사실을 말하자면, 독학으로 자수성가한 투자자다. 1990년대에 나는 멕시코에서 급류 래프팅 회사를 운영했다. 당시 우리 가족은 네덜란드에서 아주 작은 벤처캐피털을 창업했는데 얼마 안 가 위기에 처했다. 회사가 고용한 자산운용 전문가와 투자 전문가의 성과는 그저 그랬고, 갈수록 성과가 나빠졌다. 아버지는 나에게 전화해서 이렇게 말씀하셨다.

"상황이 좋지 않다. 투자 전문가라는 사람들을 더는 믿지 못하겠구나. 신뢰할 만한 누군가가 절실히 필요하다."

상당히 절박한 상황이어서 나는 멕시코에서의 생활을 정리하고 고향으로 돌아와 가족 회사의 투자 업무에 뛰어들었다.

모든 것을 새로 배워야 했다. 나는 수학 학위도, 재무 학위도 없었다. 그러나 우수한 두뇌, 맡은 일에 온 힘을 다하는 태도만큼은 자신할 수 있었고, 무엇보다 나를 무한히 신뢰하는 아버지가 계셨다. 나는 일단 무엇을 어떻게 해야 하는지 알아보기 시작했다.

당시 회사는 다른 회사에 투자하는 벤처캐피털 부분과 주식에 투자하는 주식 매매 부분으로 구성되어 있었다. 2~3개월 지켜보는 동안 회사가 고용한 투자 전문가들은 자신들의 이익에 따라 움직일 뿐 엄청나게 무능하다는 사실을 알게 됐다. 그들을 모두 해고했다.

나는 포트폴리오를 직접 운용하기로 마음먹었다. 그때가 정확히 2000년 닷컴 열풍이 꺼지기 시작하던 시기였다. 그나마 있던 수익이 조금씩 사라져 갔다. 명망 높은 투자 전문가들이 TV에 나와 "여러분, 걱정하지 마세요. 조금만 버티면 시장은 다시 회복될 겁니다"라고 말했다. 나는 '이 사람들은 거대 은행 출신의 똑똑한 사람들이고 큰 빌딩도 소유하고 있으니, 이들 말이 맞을 거야'라고 생각했다.

하지만 그들이 추천한 엔론Enron이나 월드콤Worldcom 같은 회사들의 주식이 순식간에 휴짓조각이 됐고, 시장은 먹구름에 싸였다. 나는 우리 회사 포트폴리오를 살펴보면서 위험-보상 분석이 이미 의미를 상실했다고 결론 내렸다. 조금만 더 기다리면 된다는 투자 전문가들의 조언을 무시하고, 모든 포트폴리오를 현금화했다. 그것은 실로 엄청난 결정이었다! 나중에 보니 당시가 약세장 초입이었다. 만약 그 시점에 포트폴리오를 정리하지 않았다면 그때까지 벌어들인 것보다 훨씬 큰 규모의 손실을 입게 됐을 것이다.

더는 손실이 발생하지 않았으나 나는 여전히 돈을 벌지 못하고 있었다. 그렇지만 한 가지는 분명히 배웠다. 투자 전문가라는 사람들에게 전적으로 의지해서는 안 된다는 사실이다. 나는 투자에 관한 모든 것을 스스로 통제하고, 우리 회사에 적합한 투자 전략을 찾기 위해 공부에 매진했다. 투자 수업을 듣고, 투자와 매매 스타일 및 전략에 관한 책을 500권 이상 독파했다. 그래서 얻은 결론은 내 전략이 실제로 통한다는 통계적인 증거가 확보된 경우에만 투자해야 한다는 것이었다.

나는 많은 투자자와 투자 전문가들이 단순히 미래를 유추하는 펀더멘털 분석에 근거해 투자 결정을 내린다는 걸 알게 됐다. 그들의 투자 결정 중 대다수는 장기적으로 봤을 때 지속적인 성과를 만들지 못할 것이 분명했다. 아니면 너무 오랜 시간이 걸리거나.

내 생각을 뒷받침해줄 증거가 필요했다. 그러던 중 통계 및 증거 기반 투자라는 방법을 알게 됐다. 컴퓨터 프로그램으로 만들 수 있는 단순 알고리즘이었는데, 알면 알수록 매력을 느꼈다. 시장의 과거 정보를 활용해 내가 어떤 전략을 사용했을 경우 얻을 수 있었을 결과들을 다양하게 도출해볼 수 있었다. 나는 자신감을 얻었고, 지금까지 내가 검증한 원칙으로 투자 시스템을 만들 수 있지 않을까 하는 아이디어를 떠올렸다.

즉시 컴퓨터 프로그래머를 고용해 내가 떠올린 아이디어를 프로그램으로 만든 다음 백테스트를 실시했다. 백테스트 결과는 무척 만족스러웠다. 2007년부터 그 알고리즘을 활용해 투자를 시작했고 매년 수익을 창출했다. 여기에는 2008년의 약세장도 포함된다. 내가 멕시코에서 돌아와 처음 주식 시장에 뛰어든 2000년 역시 약세장이었고, 그래서 시장이 하락할 때도 수익을 내는 시스템이 필요하다는 것을 알고 있었다. 그 경험을 잊지 않았기에 2008년에도 80%의 수익률을 기록할 수 있었다.

당연한 일이지만, 처음 시작했을 때 나의 시스템은 매우 초보적이었다. 자동화를 그다지 많이 하지 못했고 하나는 상승장, 하나는 하락장을 위한 2개의 시스템으로 시작했다. 이 시스템은 2007년부터 2011년까지 매우 성과가 좋았다. 2012년 들어 큰 손실을 봤는데, 백테스트 때의 최대 손실폭보다 훨씬 더 심각했다. 시장은 언제든 시스템과 반대로 움직여 감당할 수 없는 큰 하락을 보일 수 있고, 이런 위험을 회피하기 위해서는 더 많은 시스템이 필요하다는 사실을 깨달았다. 또한 2개의 시스템에 자산을 각각 50%씩 배분할 경우, 1개의 시스템에서 나오는 수익이 크지 않다면 전체적으로 큰 손실을 볼 수 있다는 것도 알게 됐다. 그리고 가장 중요한 점으로, 더 많은 투자 시스템을 동시에 운용하면 손실 위험이 크게 낮아진다는 것을 알게 됐다. 실제로 나는 더 많은 시스템을 운용하는 실험을 해보았고, 그 결과 더 높은 위험조정수익률을 거둘 수 있었다.

이 부분이 내 전략의 핵심이기 때문에 한 번 더 강조하겠다.

> 여러 개의 투자 시스템을 동시에 운용하면
> 통계적으로 위험은 낮아지고 수익은 증가한다.

확실하게 해두자. 이것은 단기간에 부자가 되는 방법은 아니다. 천천히, 그렇지만 확실하게 부자가 되는 방법이다. 여기에는 어떤 트릭도 없다. 나는 이 방법이 효과가 있다는 사실을 계속해서 경험했다.

나는 연구를 계속하면서 전략을 더욱 정교하게 다듬었다. 예를 들어 2007년부터 2011년까지는 역추세•라고 불리는 평균회귀•• 시스템으로 매매했다. 그런데 때로는 시장이 상승세로 돌아서기도 했고, 시스템이 잘 작동할 만큼의 변동성도 충분하지 않았다. 나는 장기 추세추종•••과 같은 보완 시스템이 필요하다는 것을 깨달았다. 이후 몇 년 동안의 경험을 통해 여러 개의 시스템을 동시에 운

• counter-trend. 시장의 주된 움직임과 반대되는 방향의 움직임. 주된 움직임의 쏠림 현상이 심화돼 조만간 반대로 움직이리라는 예측으로 투자하는 방법이 있다.

•• mean reversion. 주가와 관련된 다양한 지표가 과거 평균 또는 전체 평균에 수렴하는 경향이 있다는 가설. 일정 기간의 주가를 평균한 이동평균선을 활용하는 것이 평균회귀 활용의 한 예다.

••• trend following. 주가 움직임이 한쪽 방향으로 일정 기간 지속되는 경우 이를 추세라고 하며, 추세와 같은 방향으로 매매하는 것을 추세추종이라고 한다.

용해야 한다는 점을 확신하게 됐고, 이를 바탕으로 시스템을 더 정교히 다듬었다.

당시에는 컴퓨터 성능이 내 아이디어를 받쳐주지 못했다. 이전 수십 년간 이뤄진 수천 개의 상장주와 비상장주의 일일 거래 데이터를 기반으로 여러 개의 시스템을 동시에 작동시켜야 했는데, 그러려면 엄청난 연산이 필요했기 때문이다. 최근까지도 극소수의 컴퓨터만이 그 작업을 소화해냈는데, 현재는 어떤 컴퓨터에서도 문제없이 돌아간다.

2013년부터는 내가 배운 것을 다른 사람들에게 가르치기 시작했다. 스키와 급류 래프팅 강사로 일할 때 내가 가르치는 것을 좋아한다는 사실을 알게 됐다. 학생들이 스키 타는 법이나 급류에서 방향을 찾는 법을 배우는 걸 지켜보는 것이 정말 즐거웠다. 그 덕에 가르치는 것이 나 자신의 기술을 향상시키는 가장 좋은 방법임을 일찍이 깨달았다. 이제 나는 천문학적 투자 자금을 보유한 회사들과 경쟁하고 있는 상황이므로, 그들보다 우월한 프로그램을 개발해야 했다. 뛰어난 수익을 거두는 투자자라면 귀찮을 법도 한데 왜 그렇게 열성적으로 가르치느냐고 내게 묻는 사람들이 있다. 간단히 대답하면, 가르치는 것이 나를 더 나은 투자자로 만들기 때문이다.

지금까지 함께 일해본 사람들은 내가 아는 한 세상에서 가장 현명한 투자자들이다. 그들의 질문과 통찰력은 내 생각을 끊임없이 되짚어보게 한다. 내 생각을 깊이 되짚고 나면 얻는 점이 분명히 있고, 사람들에게 더 명확히 설명할 수 있다. 수년간 다른 사람들을 가르치면서 내 시스템의 약점과 오류를 제거하고 전체적인 전략을 갈고닦는 데에도 큰 도움을 받았다. 남을 도우면서 나 자신의 기술까지 향상시킨 것이다. 이것이야말로 엄청난 조합이다.

당신만의 시스템을 구축하라

코치로서 내 일은 당신에게 물고기 잡는 법을 알려주는 것이지 물고기를 그냥 주는 것이 아니다. 이 책의 독자는 저마다 다른 한 사람, 한 사람이다. 나는 자신을 향상시키고 이해하길 원하며, 진정으로 일을 하기를 원하는 헌신적인 사람들에게 물고기 잡는 법을 가르쳐줄 생각이다. 내가 알고 있는 모든 지식을 동원해서 말이다.

많은 사람이 빨리 부자가 되기를 원하지만, 정말 행운아가 아니면 그런 일은 절대 일어나지 않는다. 나는 지난 10여 년간 수익 내는 투자자가 되는 방법을 연구했고, 실제 매매에 적용했다. 그런 검증 과정을 통해 상승장·하락장·횡보장 등 시장 상황과 관계없이 돈을 벌 수 있는 시스템을 갖췄으며, 이런 시스템을 구축하는 방법을 당신에게도 가르쳐주고 싶어 이 책을 썼다. 이 책을 통해 당신은 서로 성과에 영향을 주지 않는 여러 시스템을 동시에 가동하는 것이 얼마나 중요한지를 알게 될 것이다. 롱이나 숏 한 가지 방향으로만 투자하면 얼마나 큰 위험에 직면하게 되는지도 알게 될 것이다.

역사는 반복된다. 단지 그것이 언제 반복될지 모를 뿐이다. 과거에 발생한 일은 어떤 형태로든 되풀이된다. 그 점을 잊지 않으면, 반복되는 시장 상황에 대비할 수 있고 수익도 창출할 수 있다. 앞으로 당신은 어떻게 미래를 대비하고 수익을 창출할 수 있는지 배우게 될 것이다. 그저 배우는 데 머물지 않고 당신만의 시스템을 실제로 구축해나간다면, 시장 상황과 관계없이 항상 수익을 낼 수 있을 것이다. 그러면 주식 투자가 아주 평온한 기분으로 할 수 있는 일임을 알게 될 것이다.

차례

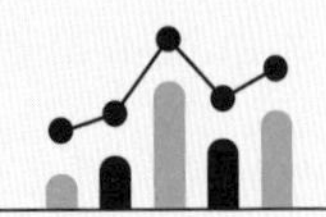

3장 → 강세장, 약세장, 횡보장에서 멀티 투자 시스템이 작동하는 방식

4장 → 돈을 벌고 싶다면, 먼저 목표를 설정하라

5장 → 투자 목표에 맞춰 포지션의 크기를 설정하라

6장 › 모든 투자 시스템에 적용되는 12가지 요소를 기억하라

7장 › 멀티 투자 시스템으로 위험을 조정하라: 시스템 1, 2, 3

8장 › 멀티 투자 시스템으로 수익을 키워라

9장 › 더 많은 시스템을 통합하라: 시스템 4, 5, 6

10장 › 미지의 위험에 대비하라: 시스템 7

1장

왜 당신은 지금까지 수익을 내지 못했을까

2008년 초, 많은 투자자는 기분 좋은 시간을 보내고 있었다. 이전 6년 동안 주식 시장은 호황이었다. 대부분 사람이 파티에서 샴페인을 터트릴 준비를 했고, 이미 축배를 든 사람들도 있었다. 모두가 들떠 있는 이 좋은 시간은 끝나지 않을 것처럼 보였다.

우리는 그다음에 어떤 일이 발생했는지 알고 있다. 대공황 이래 최악의 금융위기가 닥쳤다. 리먼 브러더스Lehman Brothers가 9월에 파산했고, 금융 시스템은 붕괴 일보 직전으로 치달았다. S&P500지수는 한 달 만에 56% 하락했다. 강세장에 취해 있던 투자자들은 정신이 번쩍 들었고, 현기증이 날 정도로 큰 타격을 입었다. 조금 일찍 시장에서 발을 뺀 투자자들은 그보다는 적은 손실을 입었고, 주식을 매도하지 않고 끝까지 버텼던 투자자들은 투자금의 절반 이상을 날렸다. 아마도 가장 억울한 사람들은 세 번째 부류일 것이다. 손절매하지 말고 계속 보유하라고 조언한 투자 전문가들에게 자문 수수료를 지불한 투자자 말이다.

은퇴를 생각하고 있던 투자자들은 금융위기 전의 상태로 회복하려면 100% 가까이 수익을 내야 했다. 그들이 본전을 찾은 것은 2013년이 되어서였다. 원 상태로 회복되기까지 5년이라는 시간이 걸린 것이다. 그동안 투자자들의 삶은 피폐해졌다.

5년 동안의 약세장은 엄청난 재정적 고통을 안겼다. 은퇴하려 했던 사람들은 그 계획을 접고 일을 계속해야 했다. 이미 은퇴한 사람들은 재취업을 위해 백방으로 뛰어다녔다. 그 나머지 사람들은 자신이 은퇴를 할 수 있을지 의문을 가진 채 일을 했다.

고통은 단순히 재정적인 부분에 그치지 않고 심리적으로도 심각한 문제를 일으켰다.

"모아둔 돈이 다 사라졌어. 다시 일을 해야 해."

"일자리가 없어. 일을 하고 싶어도 할 수가 없어."

사람들은 삼삼오오 모여 이런 얘기를 나누면서 절망의 눈빛을 주고받았다. 금융위기 당시 대부분 투자자는 매수 포지션이었기에 시장의 붕괴와 함께 그들의 자산도 붕괴했다.

역사적으로 되풀이된 시장 붕괴

2008년 시장 붕괴가 투자자들이 경험한 최초의 위기는 아니다. 그 몇 년 전에도 위기가 있었다. 바로, 2000년 닷컴 버블이다. 2008년에 발생한 시장 붕괴의 원인은 복합적이기 때문에 규명하는 데 오랜 시간이 걸릴 것이다. 그러나 2000년 닷컴 버블은 교과서에도 실릴 정도로 널리 알려진 투기 사례다. 인터넷 관련주들이 연일 상한가를 기록하자, 투자자들은 자신들이 무엇을 하고 있는지도 모른 채 시장에 뛰어들었다. 1995년부터 2000년까지 엄청나게 상승하는 주식 가격을 보면서 너도나도 미친 듯이 시장에 참여했다. 그들은 어떤 투자 프로세스도 갖추고 있지 않았다.

1630년대 튤립 투기 버블

투기는 시장의 부산물이다. 이런 광풍은 400년 전 네덜란드 튤립 투기 버블 때도 일어났다. 튤립 투기는 네덜란드 선물 거래자들 사이에서 발생한 근대 최초의 버블이다. 어떤 투자자도 이전에 겪어보지 못했고, 누구도 언제 끝날지 알 수 없었다. 투기가 절정이었던 1637년 2월에는 튤립 한 뿌리가 숙련된 장인들이 받는 연봉의 10배 가격으로 팔렸다. 하지만 5월이 되자, 튤립 가격은 95% 가까이 폭락했다. 자신이 산 가격보다 더 높은 가격으로 사줄 사람이 더는 없다는 사실을 투자자들이 인지하자마자, 시장은 바로 붕괴됐다.

1990년대 후반 닷컴 버블

1990년대 후반, 사람들은 만나기만 하면 주식 시장에 대해 얘기했고 모든 사람이 돈을 번 것처럼 보였다. 이웃과 친구들이 모두 돈을 벌었다는 생각에, 주식을 가지고 있지 않으면 혼자 뒤처진다고 느끼게 됐다. 그래서 너나없이 주식 시장에 뛰어들었고, 이를 동력으로 시장은 상승에 상승을 거듭했다.

1999년과 같은 급격한 상승장에서는 일부 현명한 투자자들이 '좋아, 이 정도면 충분해. 이제 차익을 실현해야겠군'이라고 마음먹는 시기가 온다. 그들이 차익을 실현하면 시장은 하락하기 시작한다. 하지만 경험이 부족한 투자자는 무슨 일이 일어나는지 전혀 깨닫지 못한다. '나는 계속 주식을 가지고 있어야겠어. 예전에 항상 그랬던 것처럼 시장이 다시 반등할 것 같으니 오히려 더 사야겠군. 전문가들도 조금만 더 기다려보라고 하잖아'라고 생각한다.

시장이 끝없이 상승하는 일은 있을 수 없다. 2000년 봄이 되자 20%의 손실은 30%가 됐고, 곧 40%가 됐다. 손실이 커질수록, 더 많은 사람이 버티지 못하고 투매 대열에 합류했다. 어떤 주식은 70%, 80% 심지어 90%까지 하락했다.

매일매일 손실이 누적됐다. 사람들은 공포에 질려 자신의 계좌를 확인하고, 뉴스를 봤다. 그러다가 더는 TV조차 켜지 못하는 상황이 됐다. CNN에서 날마다 내보내는 주식 시장 관련 뉴스가 공포를 부채질하기 때문이다. 그들은 무서워서 자산운용 보고서를 확인하지 못했고 매매 프로그램에 접속하지도 못했다. 고통이 한계에 다다르자 그들은 '더는 안 되겠어. 다 팔고 앞으로 다시는 주식을 하지 않겠어'라고 다짐했다.

버블과 폭락은 드문 현상이 아니다. 2017년 초부터 2018년 말의 비트코인에서도 '묻지마 투자'와 '대량 투매'가 나타났다.

1987년의 대폭락

때때로 약세장은 급격한 하락과 함께 시작된다. 1987년에는 종합주가지수가 하루 만에 21%나 폭락했다. 만약 당신이 그때 종합주가지수보다 더 변동성이 심한 종목을 보유 중이었다면 하룻밤 사이에 40~50%의 손실을 입었을 수도 있다. 게다가 신용거래•까지 했다면 마진콜••을 받았을 것이다. 이런 상황은 연쇄작용을 일으켜 투매를 불러온다.

1987년도의 폭락은 길지 않았고 금방 회복됐다. 그러나 보유한 주식이 20% 하락했을 때 컴퓨터를 켜는 것은 매우 두려운 일이다. 두려움은 고통을 낳고, 고통은 공황의 원인이 된다. 사람들은 일분일초가 지날수록 손실만 더해진다고 느끼고 무조건 빨리 매도하려고 한다. 중개인•••에게 전화를 걸어 가격과 상관없이 무조건 매도하라고 얘기한다. 주식을 매도하기에는 최악의 상황이지만, 그런 조치를 취함으로써 심리적인 고통에서 벗어난다.

1929년의 시장 붕괴

1929년의 폭락은 1987년보다 훨씬 더 길었고 상황도 더 좋지 않았다. 폭락 전에는 모든 사람이 높은 수익을 거두고 있었다. 투자자들

• margin transaction. 증권사에서 돈을 빌려 주식을 사는 것. 일정 비율의 증거금이 계좌에 있어야 한다.

•• margin call. 손실액이 커져 증거금 비율을 유지하지 못할 때 증거금을 추가하라고 증권사에서 걸려오는 전화. 만약 증거금이 채워지지 않으면 증권사는 반대매매를 통해 빌려준 돈을 회수한다.

••• broker. 거래를 중개하는 사람. 우리나라에서는 한국증권거래소를 통해 회원사로 가입한 증권사가 그 역할을 한다.

은 강세장이어서 발생하는 수익이 자신의 투자 기술 덕분이라고 착각했다. 아마 현재도 대부분 투자자가 이런 생각을 가지고 있을 것이다. 1920년대에는 강세장이 오랫동안 지속됐고, 모든 사람이 자신의 높은 투자 성과에 대해 얘기했다. 그러나 시장이 폭락하자 길고 어두운 터널에 갇혔다. 1929년의 폭락은 신용거래 때문에 상환 불가능한 빚을 진 사람들의 자살이 속출한 첫 번째 사례였다. 이 시기에는 돈이 마치 수증기처럼 증발했다.

경제는 대공황에 접어들었다. 1929년 이후 4년 동안 심각한 매물 압박이 이어졌고, 다우존스산업지수는 87% 하락했다. 1929년 초반에 주식을 보유한 사람이 있다면 폭락 이후 자산을 회복하기까지 25년을 기다려야 했을 것이다. 장담컨대 누구도 원상복구하지 못했다. 대폭락 후 사람들은 투자에서 눈을 돌렸고, 누구도 주식 투자에 대해 얘기하지 않았다.

1929년부터 1933년까지 대공황 시대의 약세장 동안 사람들은 감정적으로 피폐해졌다. 주식은 모든 사람이 가지고 싶어 하던 것에서 말조차 꺼내고 싶어 하지 않는 것으로 바뀌었다.

당시처럼 오래 지속된 폭락은 그 후로 오랫동안 없었다. 최근 몇십 년 동안에도 폭락이 없진 않았으나 회복이 빨랐다. 대개 1년 또는 1년 반이면 이전 수준으로 돌아왔다.

앞에서 살펴본 여러 상황은 과거에 발생했다. 그것들과 비슷한 상황이 앞으로 또 발생할 것이다. 그것이 언제일지, 얼마나 오래 지속되고 얼마나 심각할지 누구도 알 수 없다. 단지 그것이 발생할 것이라는 사실만을 안다.

대부분 사람은 강세장과 약세장을 잘 안다. 물론 횡보장도 경험했다. 1964년에서 1982년까지 다우존스산업지수의 순이익은 0이었다. 그 18년 동안 지수는 40% 하락했다가 다시 회복됐다. 더구나 그때는 엄청난 인플레이션의 시대였다. 1970년대 후반의 이자율은 14~17% 수준이었다. 만약 1964년에 투자해서 1982년까지 보유한 사람이 있다면 구매력•이 75% 감소했을 것이다.

많은 투자자는 이런 역사를 이해하지 못한다. 역사를 고찰하길 원치 않고, 좋은 시절만 생각하려 한다. 손실의 고통보다 돈을 번 기억을 떠올리는 게 더 기분 좋은 일이니 말이다.

투자자들이 흔히 하는 실수

주먹구구식 매매 규칙

내가 주식 시장에 처음 발을 들였을 때 알게 된 사실은 대부분 투자자가 자신들의 투자 행동이 어떻게 돈을 벌어주는지 설명해주는 시스템을 갖추고 있지 않다는 것이었다. 심지어는 투자회사에 소속돼

• purchasing power. 상품과 서비스를 살 수 있는 화폐의 가치. 인플레이션으로 화폐의 가치가 저하되면 구매력도 낮아진다.

고객의 자산을 운용하는 포트폴리오 매니저들도 마찬가지였다. 그들은 여러 권의 책을 읽고, 자신들이 이론적으로 타당하다고 생각되는 몇 가지 규칙을 세워 투자에 적용했다. 그러나 그 규칙이 돈을 벌어준다는 통계적 증거는 전혀 가지고 있지 않았고, 그 때문에 늘 불확실성과 걱정에 시달려야 했다.

고객이 "당신의 전략은 어떤 점에서 효과적입니까?"라고 물었을 때, 분명하게 답할 수 있는 포트폴리오 매니저가 거의 없었다. 주식을 매수한 후 시장이 상승하는 한 문제가 없을 것이다. 하지만 시장이 하락하면 자신들의 포트폴리오가 어떻게 될지 전혀 알지 못한다. 그들 중 누구도 구체적인 규칙이 없고 시장이 A, B 또는 C의 상황일 때 어떤 일이 발생할지 고객에게 설명하지 못한다. 그들이 아는 것은 단지 시장이 상승하면 자신들은 괜찮을 거라는 사실뿐이다.

어떤 투자자들은 주가가 하락하면 저가 매수의 기회라고 생각한다. '지난 3일 동안 하락했으니 이제 다시 오를 거야'라는 식이다. 상승장에서는 그런 투자 방법으로도 돈을 좀 벌 것이다. 하지만 1929년, 2000년, 2008년처럼 시장이 계속 하락할 때는 큰 위험에 빠진다.

전체적인 시각의 부족

내가 발견한 또 다른 실수는 어설픈 지식을 맹신한다는 것이다. 그들은 좋은 전략의 일부분을 투자에 적용하지만 전체를 아우르는 전략은 없다.

예를 들면 추격 역지정가 주문[●]이 그렇다. 그들은 수익을 보전해야 한다는 생각으로 주식을 매수한 다음 역지정가 주문 기능을 설정한다. 이때 손절매 기준을 10%로 설정했다고 해보자. 주가가 상승하는 동안 지정가도 계속 높아지는데, 어느 시점에 고점 대비 10% 하락이 발생하면 자동으로 매도가 실행된다. 하지만 주가는 방향을 틀어 다시 상승한다. 이윽고 신고가를 갱신하면서 상승을 지속한다. 이런 상황이 되면 그들은 시장이 자신과 늘 반대로 움직인다며 불평한다. 이런 투자자들의 더 큰 문제점은 그 주식을 신고가에 다시 매수한다는 것이다. 그런 다음에는 이전 과정이 되풀이 된다. 어느 시점에 일시적인 하락이 발생해 지정가를 건드리고 주식은 매도된다. 그런 다음 주가는 다시 상승하고, 투자자는 고점에서 다시 매수한다.

물론 자산을 보호해야 한다는 점에서는 유용한 기능이다. 하지만 그 점에만 매몰돼 시장과 주가의 변동성을 간과했기 때문에 일시적인 하락에 물량을 뺏기고 만 것이다. 이들이 놓친 또 한 가지는 전체적인 관점이다. 만약 수만 개의 거래 자료로 검증한 퀀트 시스템을 보유하고 있다면, 시장이 추세적인 상승 와중에도 때때로 하락한다는 점을 이해했을 것이다. 그렇다고 해서 최악의 상황에서

● trailing stop order. 역지정가 주문(stop order)에 추격 조건을 추가한 것으로, 주가가 변동하는 대로 지정가가 계속 따라가다가 투자자가 설정한 손절매 기준을 충족하면 자동으로 매도되게 하는 기능. 롱 포지션일 경우 주가 하락 시, 숏 포지션일 경우 주가 상승 시 매도되는 주문이어서 역지정가라고 한다.

매매를 하지 않게 되는 건 아니지만, 적어도 시장이 늘 자신과 반대로 움직인다고 불평하는 일은 없을 것이다. 대신 자신과의 심리 게임을 하면서 '어떻게 하면 시장을 내 편으로 만들 수 있을까'를 생각하게 될 것이다.

✓ 유연성이 떨어지는 매매 대응

대다수 투자자의 또 다른 문제점은 장세나 종목과 무관하게 한 가지 투자 시스템만 고집한다는 것이다. 대부분이 최선이 아니라 차선을 따라가는 경향이 있고, 게다가 매번 너무 늦게 반응한다. 최근 6개월 동안 높은 성과를 기록한 투자 시스템이 있다면, 앞으로도 그 시스템을 통해 투자하기를 원한다. 그러다가 투자 성과가 낮아지면 시스템을 되돌아보는 것이 아니라 시장이 잘못 흘러가고 있다고 생각한다. 투자 시스템을 통해 매매하는 것은 사업을 하는 것과 비슷하다. 주변 환경과 상황에 맞춰 유연한 시나리오를 대입할 수 있어야 한다.

경험이 부족한 투자자들의 약점을 보완해주는 다양한 매매 알고리즘이 있다. 알고리즘은 차트의 패턴을 참고해 언제 매매해야 하는지, 언제 수익이 발생하는지 정확하게 알려준다. 알고리즘을 활용하면 어떤 주식이 언제 수요가 많아서 매수 주문이 폭발할지, 그리고 언제 상승세에 제동이 걸리고 하락이 시작될지 파악할 수 있다. 하지만 이런 백테스트 결과가 없는 투자자들은 공포 속에 주식을 매도하고, 매도 후 한참 상승한 주식을 다시 산다. 통계적 우위를 가지고 있지 않기 때문에 감정이 앞서고 한발 늦게 매매하게 되는 것이다.

왜 감정적으로 매매하게 될까?

공포를 부채질하는 언론

이런 일이 왜 일어날까? 우리가 사는 세계는 언론 매체를 통해 전파되는 투자 정보들로 넘쳐난다. 그러나 많은 투자자가 간과하는 사실은, 언론사들의 목표는 당신의 이익과 아무 관계가 없다는 것이다. 그들의 목적은 많은 사람의 관심을 끄는 것이고, 그래야 광고주를 유치할 수 있기 때문이다.

그들은 당신이 혹할 만한 많은 양의 정보를 지속적으로 제공하려고 한다. 시장이 하락하고 투매가 발생하면 언론사들은 앞다퉈 그 사실을 보도한다. 월스트리트의 공포 현장을 중계한 뒤, 이른바 투자 전문가라는 이들을 카메라 앞에 세워두고 인터뷰한다. 대중은 점점 게임에 휘말리고, 투자 전문가들의 말에 고개를 끄덕인다. 하지만 그들 역시 자신들이 TV에서 본 것을 그럴싸하게 포장해 다시 이야기한 것일 뿐이다.

차트는 추세 하락 중이고, 앞으로 어떤 일이 발생할지 곳곳에서 예측이 난무한다. 이 모든 것은 투자자들에게 엄청난 공포와 불안을 일으킨다. 무엇을 해야 할지 갈팡질팡하면서 '시장에서 발을 빼야 할까?' 하고 고민을 시작한다. 이럴 때 언론사가 가장 바라는 점은 이런 상황이 계속되는 것이다. 기삿거리가 풍부하고, 사람들이 뉴스에 귀를 기울이기 때문이다.

비율이 아니라 금액으로 손실을 평가하는 것

투자자들이 감정적으로 행동하는 또 다른 이유는 자신의 계좌를 평가할 때 수익률이나 손실률 등 비율 기준이 아니라 금액 기준으로 생각하기 때문이다. CNBC 방송에서 출연자들이 두려움에 관한 이야기를 끊임없이 떠들어대고, 계좌의 돈은 상당 부분이 증발해버렸다고 하자. 이럴 때 어떤 투자자가 이성적으로 대처할 수 있을까? 그나마 남은 것을 지키고자 하는 생각뿐일 것이다.

사람들은 더 많은 돈을 원한다. 그래서 자신의 재산이 얼마인지, 현재 수익이 발생하는지 아니면 손실을 보고 있는지 확인하기 위해 수시로 계좌를 들여다본다. 이때 빠질 수 있는 함정이 비율 기준이 아니라 금액 기준으로 판단하는 것이다. 당신이 100만 달러 계좌를 보유하고 있다고 할 때, 장부상 10% 하락은 감내할 수 있는 것처럼 보인다. 그런데 10만 달러 손실이라고 생각하면 더 엄청나게 느껴질 것이다. 즉 10% 손실과 10만 달러 손실은 같은 내용이지만, 금액 기준으로 볼 때 훨씬 더 비이성적으로 반응하게 된다.

처음 투자를 시작했을 때 내 계좌에는 3만 달러가 있었고, 나는 20% 정도의 손실은 감내할 수 있다고 생각했다. 당시 내 잔고 기준 20%는 6,000달러였으니 비율 기준이든 금액 기준이든 나에게 큰 변화는 없었다. 그런데 잔고가 200만 달러라고 생각해보자. 20%는 40만 달러다. 이 정도면 투자 전략을 완전히 바꿀 수 있을 만큼의 금액으로 느껴지지 않는가? 이것이 바로 금액 기준의 함정이다. 이런 상황에서 내리는 투자 결정은 당연하게도 최악의 결과를 가져온다.

사람들은 손실을 끔찍히 싫어한다. 하지만 돈을 벌려면 위험을 감수해야 하고, 투자에서 손실이 발생하는 건 일상적인 일이다. 그런데도 대부분 투자자는 감정적으로 행동하기에 실제로 자신이 감당할 수 있는 수준의 위험에도 과하게 반응하게 된다.

컴퓨터에 온전히 의존하는 방법

이와 같은 상황에서는 매우 똑똑한 투자자라고 하더라도 두려움과 비이성적 사고의 희생양이 되기 쉽다. 이를 막기 위해서는 먼저, 통계 결과에 기반한 자동화된 투자 시스템을 구축해야 한다. 그리고 그 투자 시스템이 합리적이라고 생각되면, 컴퓨터가 매매 결정을 하도록 위임해야 한다. 우리는 이성적으로 시스템을 만들었고, 컴퓨터는 당연히 감정이 전혀 없다. 시스템은 매매 전략을 반영하는 알고리즘에 기반해 투자한다.

만약 시스템이 당신의 위험 감내 수준을 잘 반영하도록 설계됐고 당신이 알고리즘의 강점을 확신한다면, 당신은 컴퓨터가 하자는 대로 할 수 있을 것이다. 그러면 시장 상황과 관계없이 시스템에서 수익이 발생한다는 것을 알기 때문에 매일매일 변하는 시장 가격에 더는 영향을 받지 않게 된다. 예를 들어 시장에서 투매 조짐이 보여도 그런 상황에서 수익을 발생시키는 시스템을 보유하고 있다면, 이런 변화조차 당신에게 아무런 영향을 주지 못한다.

나는 50개의 멀티 투자 시스템으로 투자 전략을 운용하고 있으며, 나의 투자 포지션이나 매매에 대해 전혀 걱정하지 않는다. 발생 가능성이 있는 대부분 상황을 사전에 이미 고려해두었기 때문에 정신적으로 매우 안정적인 상태를 유지한다. 실제로 내 아내는 나의 심리 상태가 시장의 움직임에 따라 변하는 것을 본 적이 없다. 시스템을 활용해온 지난 10여 년간 나는 줄곧 마음의 평화를 유지해왔다.

다음 장부터는 어떤 종류의 시장에서도 동시다발적으로 수익이 발생하는 멀티 투자 시스템을 구축하는 방법에 대해 설명할 것이다. 그렇다고 나처럼 50가지가 넘는 시스템을 통합할 필요는 없다. 몇 가지 시스템을 통해 어떤 결과를 달성할 수 있는지 보여주면서, 당신이 해야 할 일과 구축해야 할 시스템에 대해 차근차근 설명할 생각이다. 그러면 당신은 어떤 시장에서도 수익을 창출하는 시스템을 확보할 수 있다. 시스템의 일부에서 손실이 발생하더라도, 나머지 부분에서 발생하는 수익으로 보충할 수 있다.

나의 목적은 당신이 투자할 때 두려움을 느끼지 않도록 도움을 주는 것이다. 불확실성이 제거되면 두려움 또한 없어진다. 당신은 시장이 앞으로 어떻게 될 것인지 알려고 노력할 필요가 없다. 시장이 어떤 상황이 되든 그에 대비하는 방법을 배울 것이기 때문이다. 강세장에서 롱 시스템으로 돈을 버는 한편, 약세장에서는 숏 시스템이 효과적으로 작동한다. 그러면 시장 상황과 관계없이 전체적으로 투자수익이 쌓이고, 결정적으로 당신 인생에서 스트레스와 걱정이 확 줄어들 것이다.

2장

멀티 투자 시스템은 어떻게 구성되는가

당신이 대부분 투자자가 하는 것처럼 롱 포지션으로 투자한다면, 당신의 투자 일상은 뉴스에 좌우될 것이다. 무슨 일이 발생하면 TV를 켜거나 신문을 펼치고, "매우 위험한 상황입니다"라거나 "투자자들은 지금부터 유의해야 합니다"와 같은 소식을 접할 것이다. 매일 무수한 전화가 걸려오고, 시장에 관한 엄청난 메시지 폭탄을 받을 것이다.

이런 상황에서는 상호 모순되는 정보를 수신하기가 다반사이고, 정확히 무슨 일이 발생하는지 알 수 없기 때문에 엄청난 스트레스를 겪게 된다.

정말로 당신의 선택은 무엇인가? 당신이 뉴스에서 보는 모든 것은 이미 주가에 반영됐기 때문에 뉴스를 보고 투자한다면 이미 늦은 것이다. 그러니 투자 뉴스를 시청하거나 기사를 읽을 필요가 없다. 발생한 사건에 대해 스트레스를 받을 필요도 없고, 어제 한 말을 오늘 손바닥 뒤집듯 뒤집는 사람들에게 의지할 필요가 없다.

내가 지금까지 한 일 중 가장 잘한 일은 투자 뉴스를 읽거나 보는 것을 그만둔 것이다. 이는 나의 마음과 정신에 매우 좋은 일이었다. 대신 나는 통계의 힘과 지식에 기반한 시스템을 구축하고 전적으로 의지했다. 투자 뉴스 보는 것을 그만두기 전에는, 롱 포지션을 보유하고 있을 때 TV나 전화기와 한 몸이 될 지경이었다. 발생하지도 않은 잠재적인 주가 하락을 걱정했고, 주가 하락 가능성에 대한 뉴스를 접하고 나면 스트레스 수치가 하늘을 찔렀다.

'뭘 해야 하지? 팔아야 하나? 계속 보유해야 하나? 무슨 일이 일어나고 있는 거지?'

정말 끔찍한 일이었을뿐더러 투자에도 전혀 도움이 되지 않았다.

당신이 앞으로 구축하게 될 시스템은 뉴스를 무시하는 게 기본이다. 과거 주가의 움직임을 바탕으로 하기 때문이다. 이 시스템에서는 과거의 주가 데이터를 토대로 매수와 매도를 결정하며, 언제 사고 언제 팔지를 수량화한다. 수량화할 수 있는 것은 무엇이든 프로그램화할 수 있으니 걱정할 것 없다. 그런 다음 이 시스템이 특정 시점에서 주식을 매매하는 것에 대해 통계적인 이점을 가지고 있는지 검증한다. 만약 시스템에 강점이 있다고 판단되면 컴퓨터가 주가 변동에 따라 무엇을 할 것인지 결정하도록 만들 수 있다. 뉴스나 TV에서 떠드는 이야기를 무시하고, 결정적으로 자신의 감정도 배제한 채 매매 결정이 이뤄지게 하는 것이다.

신뢰할 수 있는 시스템을 일단 구축하면, 종목 선정이나 매매 타이밍 결정과 같은 힘든 일은 전부 컴퓨터가 수행한다. 예컨대 장기 추세추종 시스템을 개발했다고 해보자. 당신은 수익이 발생하는 시장 상황을 알고, 동시에 손실이 발생하는 조건에 대해서도 안다. 이럴 때도, 손실이 발생하는 것은 일상적이고 이미 발생한 손실보다 더 많은 수익을 거둘 수 있다는 것을 알고 있기 때문에 손실에 대해 전혀 걱정할 필요가 없다. 이것이 바로 당신 시스템의 최대 강점이다.

매일매일 나오는 뉴스의 대부분은 시장의 향후 움직임에 관심을 두는 펀더멘털 투자와 관련이 있다. 우리는 그와 반대로 현재까지 발생한 시장 움직임에 초점을 맞추는 퀀트 투자 시스템을 구축한다. 시장의 향후 움직임을 예측하는 것은 안정적인 방법이 아니다. 그에 대한 어떤 통계 증거도 없기 때문이다. 반면 통계에 근거한 시스템 기반 투자는 감정을 배제하므로 최대 손실액이 어느 정도일지, 수익은 얼마일지에 대해 확신을 가질 수 있다.

기본적인 네 가지 투자 방식:
장기 추세추종 롱과 숏, 평균회귀 롱과 숏

투자자의 숫자만큼 다양한 방식의 투자 스타일이 존재한다. 그러나 안정적이고 성공적인 멀티 투자 시스템을 구축하기 위해서는 기본적인 네 가지 투자 방식에 집중할 필요가 있다. 바로 장기 추세추종 롱Long-term Trend Following Long, 장기 추세추종 숏Long-term Trend Following Short, 평균회귀 롱Mean Reversion Long, 평균회귀 숏Mean Reversion Short이다.

장기 추세추종 롱

장기 추세추종 롱 시스템에서는 매매할 모든 주식을 살펴보고 상승 추세 중인 주식을 선별한다. 먼저 반년 전보다 주가가 20% 이상 상승한 주식을 찾기 위해 조건을 설정한다. 반년 전보다 주가가 20% 이상 상승했다는 말은 상승 추세 중임을 의미할 수도 있다. 또 다른 방법은 단순이동평균상으로 200일 이동평균 위에서 종가가 형성된 종목을 찾는 것이다. 이는 시장이 상승 추세인지를 판단하는 아주 간단한 방법이다. 일단 주식을 매수하면, 추세가 계속되는 동안에는 계속 보유한다. 그러면 상승 추세가 유지되는 한 계속 돈을 벌 수 있다.

그럼 언제 수익을 실현할까? 추세가 꺾였다는 신호가 포착될 때다.

이 간단한 방식은 수익이 매우 오랫동안 발생하지만, 마지막에는 수익의 일부분을 반환해야 함을 의미한다. 누구라도 최고점에서 수익을 실현하고 싶겠지만, 고점이 언제인지는 절대 알 수 없다. 따라서 추세가 반대 방향으로 완전히 돌아섰다는 걸 확인할 수 있을 때까지 매도하지 않고 계속 보유하는 게 원칙이다.

다만, 하락의 정도에 따라 대비할 수 있도록 추격 역지정가 주문을 설정할 수도 있다. 예를 들어 20% 추격 역지정가 주문을 설정하면 최고점에서 20% 하락한 시점에 매도된다. 20%보다 더 큰 손실을 감수할 의향이 있다면 더 큰 폭의 손절매를 설정해도 된다. 그렇게 하면, 일시적인 하락에 물량을 뺏기지 않고 장기적인 강세에 올라타 최고점까지 이르는 열차에 탑승할 수 있다.

✅ 평균회귀 롱

회귀 시스템은 역발상 접근법이다. 평균회귀 롱에서는 주가가 과도하게 하락해 평균 가격으로 회복될 가능성이 매우 큰 주식을 찾는다. 이 시스템은 며칠 안에 매수·매도가 완료되는 단기 투자다.

주가가 과도하게 하락한 주식을 사는 것은 두려움을 사는 거라고도 할 수 있다. 시장이 비정상적으로 반응했고, 다시 일반적인 상황으로 회복되라는 사실에 기반하기 때문이다. 이 시스템에서 매도 시점은 주가가 평균 수준으로 회복됐을 때다.

평균회귀 롱 시스템에서는 비교적 많은 거래가 실시되고, 60% 이상의 높은 확률로 수익이 발생한다. 주식을 단기간만 보유하기 때문에 괜찮은 수준의 연간 수익을 얻기 위해서는 많은 거래를 해야 한다. 이것은 추세추종과는 완전히 다르다. 가장 이상적인 추세추종 거래는 일단 매수했으면 절대로 팔지 않고 평생 보유하는 것이다.

✅ 평균회귀 숏

평균회귀 시스템은 다른 방식으로도 작동한다. 평균회귀 숏이다. 이 시스템에서는 과도하게 오른 주식 중에서 평균 가격으로 수렴할 종목을 찾아 공매도를 실시한다. 내가 '눈먼 돈'이라고 부르는 자금이 시장에 쏟아져 들어오고, 기관 투자자들의 자금은 차익 실현으로 시장에서 빠져나가는 시기가 있다. 이는 주식이 고평가되어 있다는 신호다. 고평가된 주식은 통계적으로 기존 가격으로 회귀하는 경우가 많은데, 이때가 바로 평균회귀 숏으로 이익을 거둘 때다.

장기 추세추종 숏

추세추종은 롱뿐만 아니라 숏 매매에서도 작동한다. 1929년이나 2008년과 같이 심각한 하락 추세일 경우에는 시장이 하락하고 있다는 명백한 신호가 있을 때 공매도를 하는 단순한 시스템이 매우 효과적일 수 있다.

지금까지 언급한 네 가지 시스템은 우리 투자 방식의 핵심이다. 당신도 이상의 네 가지 시스템을 조합해서 전체적으로 매우 강력한 시스템을 만들 수 있다.

내가 백테스트를 수행하는 방법

이 책에서 언급되는 모든 백테스트는 1995년부터 2019년까지의 자료를 바탕으로 진행됐다. 이는 현재까지 시장에서 발생한 가장 단기간의 호황-붕괴 시나리오 중 하나인 2000년도의 닷컴 버블을 포함한다는 의미다. 또한 2008년의 시장 붕괴와 2010년의 반짝 하락, 그리고 2018년의 대규모 투매 역시 반영한다. 이렇게 큰 규모의 데이터로 백테스트를 하는 것은 매우 중요하다. 시장에 들어온 지 얼마 되지 않은 투자자라면 3~4년 정도의 자료를 가지고 백테스트를 실시하고 좋은 투자 성과를 얻을 수도 있을 것이다. 하지만 그 결과를 가지고 실제로 시장에 진입하면, 시장이 백테스트의 결과와 상당히 달라 당혹스러운 상황을 맞이할 수도 있다.

나는 주가의 일일 변동 중 시가·고가·저가·종가, 거래량을 기본으로 하되 데이터의 왜곡을 방지하기 위해 액면분할이 반영된 수정 주가로 정리된 일별 데이터를 사용한다. 또한 시스템 오류를 최대한 줄이기 위해 초단기 거래에 의한 주가 움직임처럼 신뢰할 수 없는 데이터는 제외한다.

그리고 상장폐지된 주식까지를 모두 포함하는 자료를 활용해 생존 편향●을 방지한다. 2000년만 해도 미국 증권 시장에는 리먼

● survivorship bias. 실패 사례는 간과하고 성공 사례에 몰두하는 경향

브러더스, 월드콤, 엔론은 물론 프레디매Freddie Mae, 프레디맥Freddie Mac 등이 상장돼 거래됐다. 이런 주식들은 주가가 0이 되거나 0에 근접해 상장폐지됐으며, 어떤 주식들은 전혀 거래가 되지 않기도 한다. 만약 상장폐지된 주식을 반영하지 않고 살아남은 주식으로만 백테스트를 진행한다면, 생존 편향이 작동해 실제보다 훨씬 더 나은 성과를 거둔 것으로 성과가 왜곡될 것이다. 최근 우리는 4만 개 이상의 주식을 검증했는데, 그 절반이 상장폐지된 주식이었다.

여기에 액면분할도 중요하다. 액면분할이 이뤄지면, 예컨대 600달러였던 주식이 4분의 1로 쪼개져 150달러로 거래된다. 그런데 시스템이 액면분할을 인지하지 못한다면 롱 시스템일 경우 엄청난 손실, 숏 시스템일 경우 엄청난 수익으로 판단할 수 있다.

나는 백테스트에 배당금은 포함하지 않는다. 배당금은 통상 연 1회 지급되는데,* 그 시기에 해당 주식을 보유하지 않거나 회사가 배당 정책을 변경할 수도 있기 때문이다. 배당금을 고려하지 않으면 시스템의 성과가 더 보수적으로 측정된다. 롱 포지션은 물론이고, 그보다 짧은 기간을 보유하는 것이 보통인 숏 포지션에서도 때로는 배당금 지급 기간이 포함되기도 한다. 이를 제외하기 때문에 성과가 더 낮게 나온다는 얘기다.

* 최근에는 분기나 반기 배당을 하는 기업도 많이 있다.

백테스트를 할 때 수수료는 반드시 포함해야 한다. 나는 나의 중개인인 인터랙티브 브로커스Interactive Brokers에 지불해야 할 주당 1.5센트, 거래당 최소 1달러의 중개 수수료와 매우 보수적으로 계산된 슬리피지* 비용을 합해 수수료를 추산한다. 중요한 점은 모든 수수료를 가능한 한 정확하고 보수적으로 측정해야 한다는 것이다.

1995년부터 2019년까지의 자료는 장기적으로 매수 포지션이 대세였음을 명확하게 보여준다. 자료는 과거를 대변하고, 과거의 성과를 측정하는 데 유용하다. 그러나 우리가 미래에 대해 알고 있는 유일한 사실이 '미래는 다르다'라는 것임을 명심해야 한다. 백테스트 자료를 검토해본 다음 오랫동안 시장에서 매수 경향이 강했다고 결론 내리고, 더 많은 추세추종 롱 시스템을 돌린다면 더 나은 성과를 얻을 것으로 생각할 수도 있을 것이다. 하지만 이런 생각은 오직 과거에서만 사실이다. 우리는 실제로 미래를 알 수는 없기 때문에 미래에 어떤 일이 발생할지 모르는 상태에서 투자해야 한다. 추세추종 시스템에서 수익이 발생할 때가 있고 평균회귀 시스템이 성과를 내는 경우도 있기 때문에, 나는 이 두 시스템을 운용하면서 롱과 숏을 동일한 양으로 거래한다.

잔고에 있는 현금에서 발생하는 이자는 고려하지 않는다.

---

* slippage. 시장가 주문 시 주문 시점과 체결 시점의 가격 차이로 인해 발생하는 추가 비용

1990년대까지만 해도 이자율이 상당히 높았지만, 지금은 이자가 전혀 발생하지 않기 때문이다.

시스템 최적화를 위한 백테스트

최근에는 컴퓨터 성능이 아주 좋아져서 백테스트를 쉽게 수행할 수 있다. 전략의 유효성을 검증하는 일은 대부분 과최적화over-optimization를 통해 진행되므로, 실전에서는 차이가 발생할 수 있다.

나는 강력한 측정 변수들을 매우 주의 깊게 선정해왔다. 예를 들어 〈표 2-1〉은 단일 시스템의 측정 변수들과 그 결괏값을 나타낸다. 이 테스트에서 나는 매매 기준의 하나로 단순이동평균을 사용했는데, 여러 단순이동평균 중에서 100일 단순이동평균을 선택했다. 표를 보면 그 이유를 알 수 있을 것이다.

〈표 2-1〉에서 볼 수 있듯이, 일수에 따라 서로 다른 결괏값이 도출된다. MAR을 지표로 사용했을 때 100일은 도출되는 비슷비슷한 결괏값들의 중간에 위치함을 알 수 있는데, 이것은 강건성●을 나타

● robustness. 상황과 조건을 달리해도 시스템이 정상적으로 작동하는 정도를 말한다.

표 2-1 › 단순이동평균에 따른 변화

테스트 번호	일수	연복리수익률(%)	최대 손실폭(%)	MAR•
1	70	21.75	47.90	0.45
2	75	22.41	47.50	0.47
3	80	22.87	43.40	0.53
4	85	22.76	42.70	0.53
5	90	22.53	42.70	0.53
6	95	22.50	41.90	0.54
7	**100**	**22.52**	**42.10**	**0.53**
8	105	22.88	42.00	0.54
9	110	22.88	41.40	0.55
10	115	23.57	41.10	0.57
11	120	23.99	37.90	0.63
12	125	22.66	47.50	0.48
13	130	22.55	47.70	0.47

내는 강력한 신호다. 지표로 사용하는 일자가 90일이냐 또는 95일, 105일, 110일이냐는 그리 중요하지 않다. 결과는 거의 독립적이다.

이 표에서는 특이한 점이 또 한 가지 있다. MAR이 0.63인 120일 단순이동평균이 다른 이동평균에 비해 월등히 뛰어난 성과를 보인다는 것이다. 성과가 좋은 120일 단순이동평균을 선택해 시스템의 우수성을 보여줄 수도 있을 것이다. 그러나 이 결과는 대부분 좋은 거래와 무작위성이 만들어낸 성과에 기인한다. 현실에서는 시스템이 보여주는 최상의 결과가 만들어지지 않는다. 이런 접근법은 우

• Minimum Acceptable Return. 최저요구수익률 또는 최저용인수익률 등으로 불리며, 투자자가 투자안을 선택하는 데 요구되는 최소한의 수익률을 말한다.

리가 만들어낸 결과를 실제보다 훨씬 좋다고 인지하기 때문에 스스로 바보가 되는 길이다.

MAR의 정점인 0.63은 위아래 수치와 급격한 차이가 있고, 특히 아래쪽 수치는 100일 MAR(0.53)보다 훨씬 낮은 0.48까지 급격하게 떨어진다. 이를 시각화한 것이 <그림 2-1>이다.

그림 2-1 ➔ 단순이동평균 변화에 따른 MAR 비율

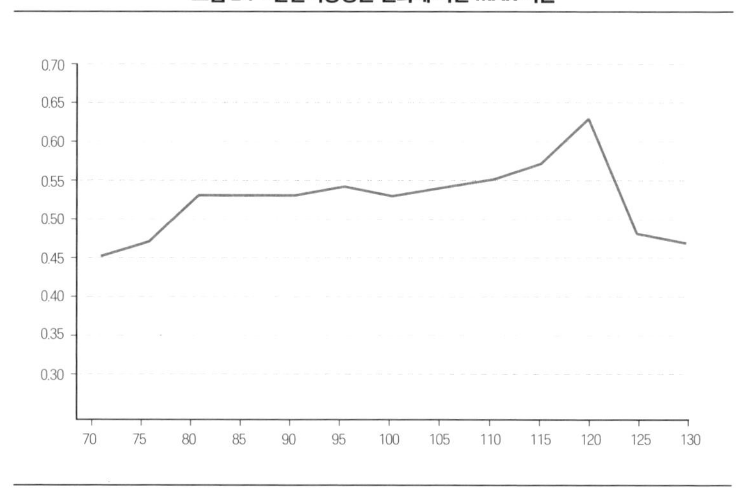

멀티 투자 시스템에서는 시스템이 서로를 돕는다

펀더멘털 투자와 비교할 때, 퀀트 투자의 핵심 원칙 중 하나는 시장의 미래 행동을 예측하지 않는다는 것이다. 우리는 시장의 미래에 대해 전혀 모르고, 미래는 다르리라는 사실만을 안다. 때로는 강세장이고, 때로는 약세장이며, 횡보장일 때도 있을 것이다. 추세를 추종할 때 더 좋은 성과가 발생하기도 하고, 평균회귀 전략이 더 좋을 때도 있을 것이다.

그런데 우리의 모든 시스템은 한 가지 이상의 탁월함을 보유하도록 설계됐기 때문에 시간이 지날수록 손실보다는 수익이 더 많이 발생한다.

시장이 상승할 때 수익이 발생하는 장기 추세추종 시스템을 보유했다고 해보자. 우리는 시장이 하락세에 접어들면 손실이 발생하리라는 것을 알고 있다. 20% 추격 역지정가 주문 기능을 설정했다면, 시장이 고점에서 20% 하락할 경우 그때까지의 수익을 보호한 채로 시장에서 빠져나올 수 있다.

동시에 숏 시스템을 보유하고 있다면, 상승장에서는 손실이 발생한다. 매일매일 조금씩 돈을 잃겠지만, 시장이 하락세로 돌아서면 숏 시스템은 본격적으로 돈을 벌기 시작한다. 시장이 20% 하락했을 때 숏 시스템에서 발생하는 수익이 30%라고 해보자. 여전히 시장은 하락 추세지만 당신은 전체적으로 10%의 수익을 거둔다. 롱 포지션에서 20% 손실을 만회하기 위해 고군분투하는 대신 10% 수익이 발생한 숏 포지션에서 투자를 지속할 수 있다.

멀티 투자 시스템은 시간의 흐름에 따라 축적되는 수익을 바탕으로 자산의 수익곡선을 개선한다. 이것이 멀티 투자 시스템의 마술이다. 멀티 투자 시스템은 개별 시스템의 독립적인 조건보다 10배나 더 중요하다. 모든 투자자가 개별 시스템의 조건을 최적화하기를 원한다. 하지만 대부분 투자자는 과거의 일을 설명하는 것에 최적화된 개별 시스템을 만드는 데서 그친다. 그런 개별 시스템들이 서로 통합되면, 시스템이 서로를 돕는다. 핵심은 한 시스템이 돈을 버는 동안 다른 시스템에서 너무 큰 손실이 발생하지 않게 하는 것이다.

100% 롱과 100% 숏

이 책에서 언급하는 멀티 투자 시스템은 100% 롱과 100% 숏을 동시에 진행할 수 있다는 가정하에 테스트됐다. 이런 방법은 롱 시스템이 숏 시스템을 보호하는 경향이 있기 때문에 최고의 결과를 도출해내며, 매우 합리적인 접근법이다. 게다가 포지션 크기를 세심히 조정하고(5장 참조) 여러 개의 투자 시스템을 통합해 운영하기 때문에 숏 거래의 위험성이 상당히 낮아진다.

어떤 투자자들은 100% 롱이나 100% 숏 매매를 좋아하지 않는다. 그래서 롱 50%, 숏 50%와 같이 더 작은 크기로 분할해 투자한다. 그렇게 하면 최대 손실은 낮아지지만 연복리수익률 또한 줄어든다.

중요한 사실은, 실제 매매에서는 100% 롱 매매와 100% 숏 매매가 동시에 발생하는 일이 매우 드물다는 것이다. 양 시스템이 작동할 조건에 부합하지 않거나, 시스템에 적용된 시장 진입 조건 때문에 거래가 한꺼번에 일어나지 않는다.

시스템을 만드는 원칙

예측하지 않는다

앞서 설명한 것처럼, 우리는 펀더멘털 투자자와 달리 미래 시장에 대한 예측을 하지 않는다. 따라서 미래에 어떤 일이 발생할지 모르기 때문에 추세추종 롱, 추세추종 숏, 평균회귀 롱, 평균회귀 숏 이 네 가지 방법을 적절하게 이용해 투자해야 한다.

백테스트를 충실히 실시한다

매매 백테스트 시스템은 탁월함을 창조할 수 있는 유일한 방법이다. 많은 투자자가 차트를 보면서 '흠. 여기서 사고 여기서 팔면 수익을 낼 수 있겠군'이라고 생각한다. 하지만 여기에는 함정이 있다. 모든 사람이 차트에서 자신이 보고 싶어 하는 것만 본다는 것이다. 그들이 생각한 것의 열에 아홉은 현실에서 발생하지 않는다. 만약 당신이 자신의 생각을 검증해볼 수만 있다면, 그 생각이 정말로 탁월한지 아닌지를 규명할 수 있기 때문에 오판을 최소화할 수 있다. 따라서 자신의 시스템이 모든 시장 상황에서 잘 작동하는지 확인할 필요가 있다. 백테스트를 거치면 컴퓨터가 당신의 투자법이 실제로 돈을 버는 방법인지 아닌지를 알려줄 것이다.

투자 목표를 반영한다

4장에서 언급하겠지만, 시스템을 구축할 때는 자신의 목표에 맞는 적절한 전략을 바탕으로 해야 한다. 이를 위해서는 자신이 원하는 것이 무엇인지, 투자 위험 감내 수준은 어느 정도인지, 안전지대는 어디인지 반드시 알아야 한다.

멀티 투자 시스템을 운용할 때 고려해야 할 점

당신이 시스템을 만들고 백테스트를 실시했다고 해보자. 백테스트 결과 연복리수익률 15%, 연 최대 손실폭 5%였다. 당신은 이 정도면 괜찮다고 생각해서 투자를 시작했다. 여기가 위험한 부분이다. 어느샌가 '매년 15%의 수익 발생'이라는 생각이 당신의 머릿속에 자리 잡았을 것이다. 하지만 실제로는 그렇지 않다.

어떤 해에 30% 수익이 발생할 수도 있다. 30% 수익은 매우 환상적인 결과다. 그러나 다음 해에는 수익이 0%로 곤두박질친다. 심지어는 당신의 안전지대를 벗어나는 12%의 손실이 발생할 수도 있다. 3년째에는 다시 25%의 수익을 기록한다. 시간이 지날수록 전체적으로 봤을 때 연복리수익률 15%를 달성할 수도 있지만, 매년 수익률 편차는 더욱 커질수도 있다. 이런 상황은 어떤 사람들에게는 감당하기 힘든 일이다. 그래서 시스템에 아무런 문제가 없는데도 이런 상황 때문에 시스템을 포기하기도 한다.

평균은 평균일 뿐이라는 사실을 항상 기억해야 한다. 투자를 시작한 첫해에 수익이 0일 수 있다. 역설적이긴 하지만, 투자수익이 0이라는 것이 시스템에 문제가 있다는 것을 의미하지는 않는다. 단지 사전에 예상한 것보다 더 많은 변수가 있었다는 사실을 보여줄 뿐이다. 예를 들어 우연히 2009년 약세장이 끝나갈 때 장기 추세추종 롱 시스템을 운용했다면, 그다음 9년 동안 자신의 시스템이 매우 우수하다고 생각했을 것이다. 그러나 만약 10개월만 일찍 똑같은 시스템을 운용했다면 30% 손실을 기록했을 것이고, 그러면 자신의 시스템에 심각한 문제가 있다고 생각했을 것이다. 하지만 이후에도 시스템을 꾸준히 운용했다면 시간이 지날수록 투자 성과가 점점 개선되고 수익으로 돌아섰을 것이다.

IRA 계좌의 투자 제한

다음 장에서 설명하겠지만, 시장평균을 매매한다는 의미는 100% 롱과 100% 숏 시스템을 동시에 운용하는 것이다. 그런데 IRA● 계좌에서는 금융 규제에 의해 공매도가 금지되며 신용거래를 할 수 없다. 따라서 IRA 계좌에서 투자할 경우에는 100% 롱 포지션으로 매매한 후, 약세장으로 전환되면 전부 현금화해야 한

● Individual Retirement Account. 미국에서 운용되는 개인퇴직계좌. 우리나라에서는 2005년 도입되어, 2012년 법 개정과 함께 IRP(Individual Retirement Pension)라는 이름으로 바뀌었다. 연금계좌의 취지상 위험자산에 대한 투자가 제한된다는 점은 같다.

다. 숏 포지션을 취할 수 없기 때문이다. 아니면, 인버스 ETF에 투자하거나 현금을 다른 계좌로 이체해 숏 시스템을 활용하는 방법이 있다.

3장

강세장, 약세장, 횡보장에서 멀티 투자 시스템이 작동하는 방식

2003년부터 시장은 장기적으로 상승했다. 그러다가 2008년 금융위기라는 복병을 만났고, 많은 투자자가 고통을 겪었다. 하지만 앞서 밝혔듯이 나는 그해에도 큰 수익을 거뒀다. 롱과 숏 시스템을 동시에 운용한 결과다.

내가 주식 시장에 처음 발을 디딘 2000년 무렵에도 상황이 좋지 않았다. 닷컴 버블이 붕괴하면서 2002년까지 약세장이 이어졌다. 이후 시장은 서서히 상승으로 돌아섰지만, 나는 언젠가 약세장이 되풀이되리라는 점을 알고 있었기에 그에 대비하기 위해 시스템을 개발했다. 나는 상승하는 시장에서도 숏 거래가 필요하다고 생각했다. 마치 평온한 날에 사고를 대비해 보험을 들어놓듯이 말이다.

2008년, S&P500지수가 56% 곤두박질쳤을 때 내가 80%라는 놀라운 수익률을 기록한 것이 바로 그런 보험 덕이었다. 더욱이 롱과 숏 두 시스템을 모두 운용했기 때문에 시장이 하락해도 아무런 걱정이 없었다.

시장 상황과 관계없이,
내 포지션에서는 항상 수익이 발생했다.

시장 자체가 매우 안 좋아도 자동화된 멀티 투자 시스템은 잘 작동하며, 투자자에게 무한한 자유를 선사한다.

이번 장에서는 4개 시스템의 예시를 통해 내 전략의 성과를 설명하고, 그 성과를 달성하는 데 필요한 개념을 짚어보고자 한다.

벤치마킹 대상의 성과

시스템의 성과를 논하기 전에, 벤치마킹 대상의 성과부터 살펴보자.

S&P500

첫 번째는 미국의 대표적 지수인 S&P500이다. 〈표 3-1〉은 1995년 1월부터 2019년 7월까지 S&P500의 성과를 정리한 것이다.●

〈그림 3-1〉은 우리가 예상보다 더 큰 하락을 겪을 수 있고 그것을 회복하는 데 오랜 시간이 걸린다는 것을 보여준다. 이 사실을 이해하는 것이 투자자에겐 매우 중요하다.

1995년부터 엄청난 상승이 이어졌다. 포효하는 강세장이었지만,

● 이 책에서는 S&P500지수를 추종하는 ETF 중 대표적인 종목인 SPY 데이터를 활용했다. 또한 모든 백테스트 성과는 1995년 1월에 10만 달러를 투자한 경우를 가정했다.

표 3-1 › S&P500의 성과(1995~2019)

1995년 1월 2일 ~ 2019년 7월 24일	SPY
연복리수익률	8.02%
최대 손실폭	56.47%
최장 하락 기간	86.1개월
연간 변동성	18.67%
샤프	0.43
MAR	0.14
총수익률	**562.51%**

그림 3-1 › S&P500의 수익곡선(1995~2019)

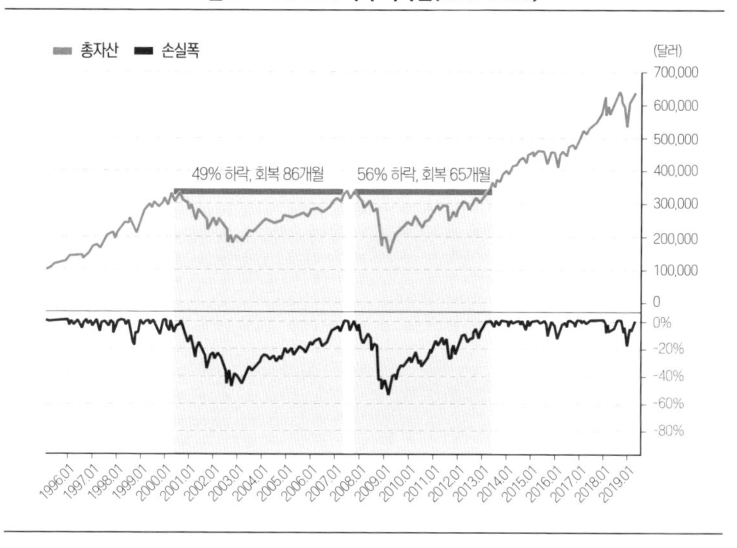

결국 버블은 붕괴했다. 2000년 4월, S&P500은 49% 하락했고 회복하는 데 86개월, 즉 7년 이상이 걸렸다. S&P500은 2007년에 신고점을 돌파했다. 그런데 돌파하자마자 56% 하락했고 회복하는 데 65개월이 걸렸다.

2018년 말에도 큰 하락이 있었는데 이때는 매우 빠르게 반등했다. 그러나 2018년도의 빠른 반등과 지난 10년의 역사적인 강세장에 취해선 안 된다. 만약 2000년에 시장에 참여해 S&P500지수를 매수한 사람이 있다면 본전을 찾기까지 13년이라는 긴 세월을 기다려야 했을 것이다. 이 정도면 약과라고 할 수 있다. 1929년부터 1932년까지 대공황 시기에 발생한 89%의 하락률은 이후 25년 동안이나 회복되지 못했다.

투자자들은 이런 역사적인 사실을 쉽게 잊어버린다. 특히 현재는 지난 10년 동안의 엄청난 강세장을 경험했기에 더더욱 그렇다. 우리의 접근법은 지금의 강세장이 영원히 지속될 것이라는 망상에 빠지지 않고 약세장을 대비함으로써 시장 상황과 관계없이 수익을 창출하는 것이다.

버크셔 해서웨이

또 다른 벤치마킹 대상은 버크셔 해서웨이다.

어떤 투자자들은 잘 운용되는 펀드를 사면 시장보다 더 나은 성과를 얻을 수 있다고 생각한다. 버크셔 해서웨이는 세계에서 가장 유명한 투자회사 중 하나이며, 회장인 워런 버핏은 살아 있는 최고의 주식 투자자로 일컬어진다. 순수익으로 따지면 사실에 가까운 얘기다. 그럴 수 있었던 가장 큰 이유는 그가 오랫동안 투자했기 때문이다. 그는 복리의 마법을 제대로 즐기고 있다.

그의 성과는 S&P500보다 좋지만, 그 또한 투자 원금의 절반이 날

표 3-2 › 버크셔 해서웨이의 성과(1996~2019)

1996년 5월 9일 ~ 2019년 7월 24일	버크셔 해서웨이
연복리수익률	9.87%
최대 손실폭	54.57%
최장 하락 기간	64.9개월
연간 변동성	23.01%
샤프	0.43
MAR	0.18
총수익률	**791.07%**

그림 3-2 › 버크셔 해서웨이의 수익곡선(1996~2019)

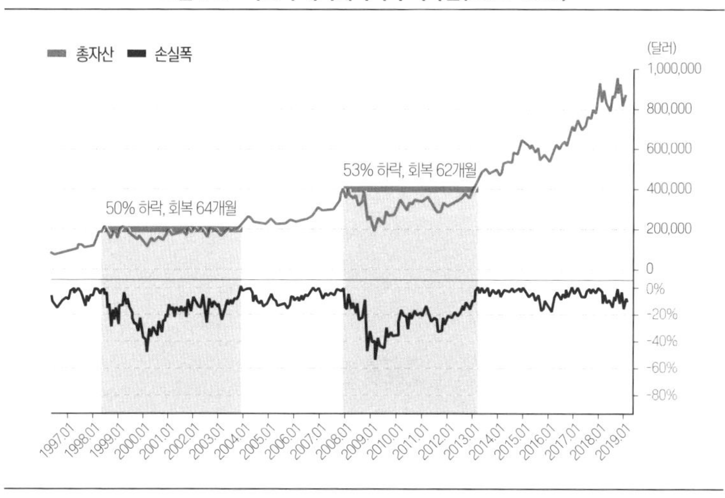

아간 상황이 5년 이상 지속된 큰 하락을 두 차례나 경험했다. 예컨대 버크셔 해서웨이 주식을 2008년 가을에 매수한 투자자가 있다면, 사자마자 53%의 손실을 기록했을 것이다. 이런 고통을 누가 감내할 수 있을까? 대부분 사람은 견디지 못하고 매도했을 것이다. 하지만 버핏은 초인적인 인내심을 발휘해 자산이 회복되길 기다렸다.

버핏과 같은 투자자는 성과가 좋을 때는 대중이 엄청나게 관심을 보이지만, 정작 그들의 손실이나 투자 실패는 상대적으로 덜 알려져 있다. 하지만 깊이 들여다보면 투자수익이 큰 변동성을 보인다는 것을 알 수 있다. 이는 단일 시스템의 약점을 여실히 드러낸다.

버크셔 해서웨이는 배당금을 지불하지 않기 때문에 우리의 멀티 투자 시스템과 동일한 기준으로 성과를 비교할 수 있다. 앞서 밝혔듯이, 우리 시스템을 백테스트할 때는 배당금을 고려하지 않기 때문이다. 배당금을 제외하는 이유는 기업들의 과거 배당수익률이 앞으로도 유지될지 확실치 않기 때문이다. 가능한 한 보수적으로 백테스트를 하는 게 나의 원칙이다.

7개의 시스템을 통합할 때의 기대 효과

이어지는 장에서는 7개의 시스템을 만드는 법을 차근차근 배우게 될 것이다. 그 시스템들을 통합할 때 얻을 수 있는 결과를 <표 3-3>에 정리했다.

이 전략은 일반적인 투자자들에게 익숙한 방식과는 완전히 다르다. <표 3-3>과 <그림 3-3>에서 드러나는 장점으로는 다음과 같은 것들이 있다.

- S&P500보다 연복리수익률이 4배 가까이 높다.
- 손실폭이 훨씬 작다. 최대 손실폭이 S&P500의 5분의 1 수준이다.
- 최장 하락 기간이 짧다. S&P500의 최장 하락 기간이 7년 이상인 데 비해 멀티 투자 시스템은 11개월에 불과하다.
- 1995년부터 매년 수익이 발생했다.
- 강세장에서 돈을 번다.
- 횡보장에서 돈을 번다.
- 약세장에서 돈을 번다.

전체적으로 요약하면, 이 방법은 S&P500보다 훨씬 역동적이라는 것이다. 백테스트 결과에 따르면 시장 상황과 상관없이 지속적으로 두 자릿수 수익을 창출한다.

표 3-3 › 멀티 투자 시스템과 S&P500의 성과 비교

1995년 1월 2일 ~ 2019년 7월 24일	멀티 투자 시스템	SPY
연복리수익률	30.44%	8.02%
최대 손실폭	11.83%	56.47%
연간 변동성	11.22%	18.67%
샤프	2.71	0.43
MAR	2.57	0.14
총수익률	**68,115.39%**	**562.51%**

그림 3-3 › 멀티 투자 시스템의 수익곡선

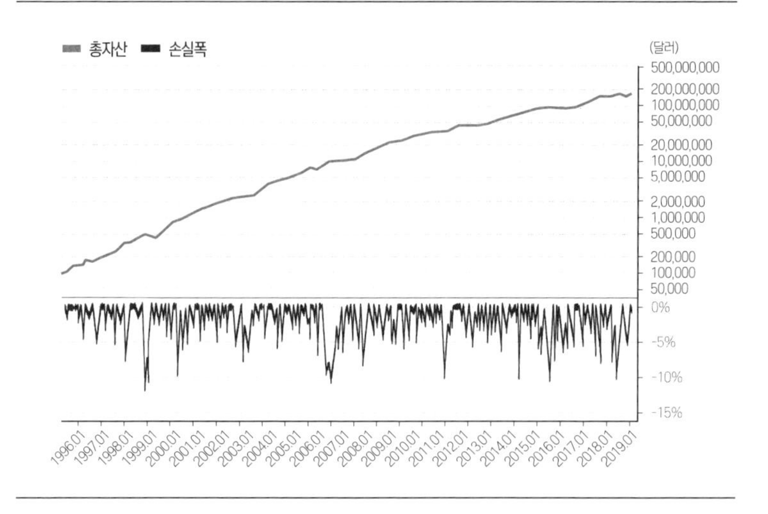

실제 사용되는 네 가지 기본 매매 방법

시장의 방향성과 관계없이 자산을 보호하는 방법에는 두 가지가 있다. 하나는 상관관계가 전혀 없는 자산을 매매하는 것이다. 흔히 주식과 채권 간에 상관관계가 거의 없다고 알고 있지만 항상 그렇지는 않다. 물론 이론적으로는 하나가 하락하면 다른 하나가 상승한다.

내 전략에서 투자 대상은 주식이 중심이다. 나는 극한 상황에서는 모든 주식이 서로 상관관계에 있다고 생각하므로, 주가가 움직이는 방식에 따라 수익을 창출하는 멀티 투자 시스템을 사용한다.

지금까지 설명한 내용이 다 녹아 있는 네 가지 기본 시스템을 살펴보자. 이 장에서는 각 시스템의 전략을 큰 틀에서 살펴보고 이어지는 장들에서 구체적인 법칙과 조건 변수들을 소개할 것이다.

☑ 장기 추세추종 롱

그림 3-4 › 리제네론 파마슈티컬스(REGN)● 장기 추세추종 롱

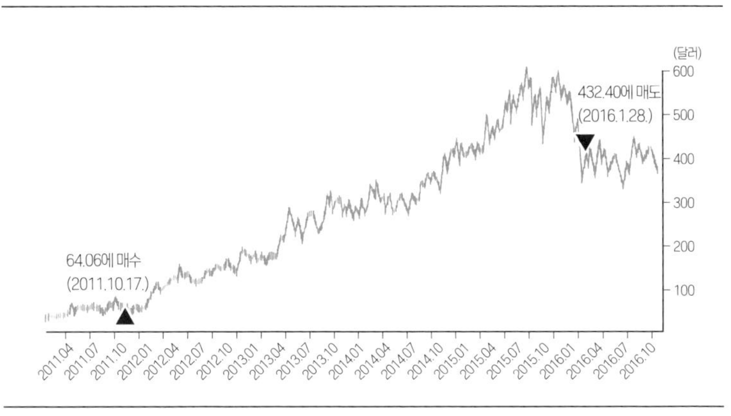

〈그림 3-4〉는 롱 포지션만 취하는 장기 추세추종 시스템을 보여준다. 상승 추세가 시작될 때 매수한 후, 시장이 상승하고 주가가 계속 오르는 동안에는 추세를 추종한다. 추세가 꺾였다는 명백한 증거가 나타날 때까지 포지션을 유지하고, 추세가 꺾였다는 증거를 확인한 후 매도해 포지션을 청산한다.

● Regeneron Pharmaceuticals, 미국의 생명공학 회사

나는 리제네론 주식을 2011년에 64.06달러에 매수하여 추세를 추종하면서 주가가 600달러 이상으로 상승할 때까지 계속 보유했다. 그리고 2016년에 432.40달러에 매도했다.

이 매매 기록을 보고 아마도 당신은 왜 600달러에 매도하지 않았느냐고 묻고 싶을 것이다. 내 대답은 주가가 얼마까지 상승할지 알 수 없기 때문이라는 것이다. 이 주식이 1,000달러까지 상승했을 수도 있다. 하지만 롱 시스템에서 해야 하는 단 한 가지 일은 장기 추세가 명백하게 끝날 때까지 계속 보유하고, 추세가 꺾이면 매도하는 것이다. 이와 같은 롱 시스템은 강세장에서는 분명히 큰 수익을 안겨준다. 그러나 약세장에서는 손실이 발생하고 횡보장에서는 돈을 잃거나 현상 유지만 할 수 있다.

그림 3-5 › 엔비디아(NVDA)● 장기 추세추종 롱

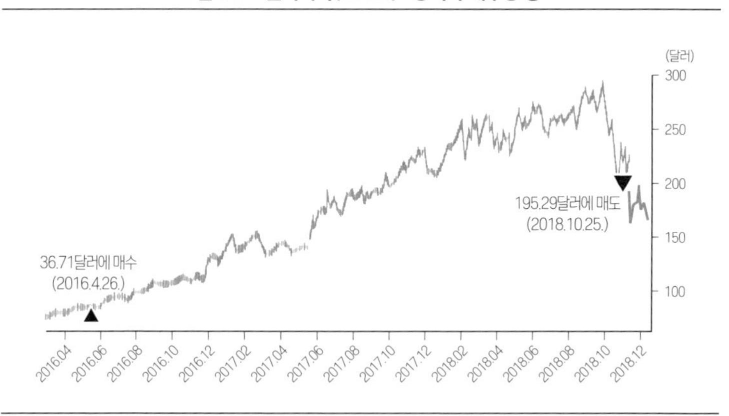

● Nvidia. 미국의 컴퓨터 그래픽 처리 장치 개발 회사

<그림 3-5>는 2016년부터 2018년 대량 투매가 시작되기 전까지의 강세장을 제대로 보여준다. 이는 곧 투자자들이 강세장에서 어떻게 투자하는지를 극명히 보여주는 것이기도 하다.

나는 이 주식을 2016년 36.71달러에 매수해 2018년 195.29달러에 매도했다. 보다시피 최고점인 300달러보다는 많이 낮은 금액으로 매도했는데 이것이 이 시스템의 특징 중 하나다. 추세를 정확히 확인해야 하므로, 매도 시점에는 수익의 일부분을 반납하게 된다.

장기 추세추종 숏

<그림 3-6>을 보자. 2008년 6월부터 시작하는 첫 번째 차트는 추세추종 숏과 같은 단순한 방법으로 어떻게 2008년 같은 약세장을 감당할 수 있는지를 명백하게 보여준다.

SPY의 하락 추세는 2008년 6~7월에 시작됐다. 그때부터 추세 하락에 대한 매매 신호가 계속 발생했고, 나는 132.01달러에 숏 포지션으로 진입했다. 이 매매는 포지션 진입 후 몇 달 동안은 성과가 좋지 못했지만, 이후 2009년 3월의 최저점이 될 때까지 수익을 키워갔다. 추세 반전을 확인한 88.59달러에 포지션을 정리했다. 전체적인 하락 추세를 포착하여 숏 포지션을 통해 큰 수익을 창출한 사례다.

여기서도 왜 최저점인 2009년 3월에 포지션을 정리하지 않았는지 의문이 들 것이다. 그 이유는 롱 포지션일 때와 마찬가지다. 최고점이든 최저점이든, 우리는 지나고 나서야 알 수 있다. 추세추종 포지

그림 3-6 › SPY 장기 추세추종 숏

선일 때는 롱이든 숏이든 관계없이 완전한 추세를 확인한 다음 행동에 나서야 하므로 수익의 일부를 포기할 수밖에 없다. 이 예에서도 추세가 완전히 끝났다는 명백한 신호를 포착한 후 환매한 것이다.

두 번째 차트는 2000~2003년의 약세장에서 진행된 비슷한 매매를 보여준다. 나는 2000년 10월에 시스템이 명확한 신호를 포착했을 때 139.80달러에 숏 포지션으로 진입했고, 2002년 1월까지 기다렸다가 117.38달러에 포지션을 정리했다.

이 두 차트는 약세장에서의 이상적인 숏 매매를 보여준다.

평균회귀 숏

그림 3-7 › 상가모 바이오사이언스(SGMO)● 평균회귀 숏

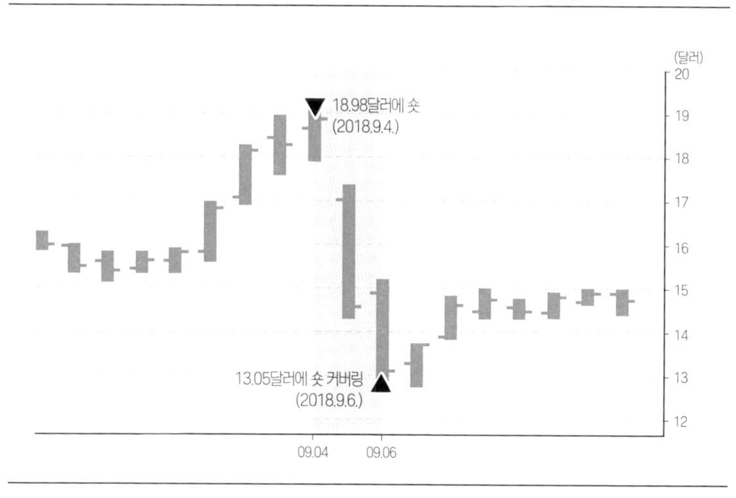

2018년 9월 4일 과매수 상태여서 공매도 매매 신호가 포착된 상가모 바이오사이언스는 아주 좋은 공부 거거리다(그림 3-7). 주가는 무작위로 움직이기보다는 평균으로 회귀할 가능성이 훨씬 더 크기 때문에 통계적으로 우리에게 유리한 상황이었다. 이 지점에서 숏으로 진입한 뒤 며칠 후에 환매하면 수익을 확보할 수 있다. 이런 매

● Sangamo Biosciences. 미국의 생명공학 회사

매는 기본적으로 항상 단기로 진행된다.

그림 3-8 ➾ 차이나 위차이 인터내셔널(CYD)● 평균회귀 숏

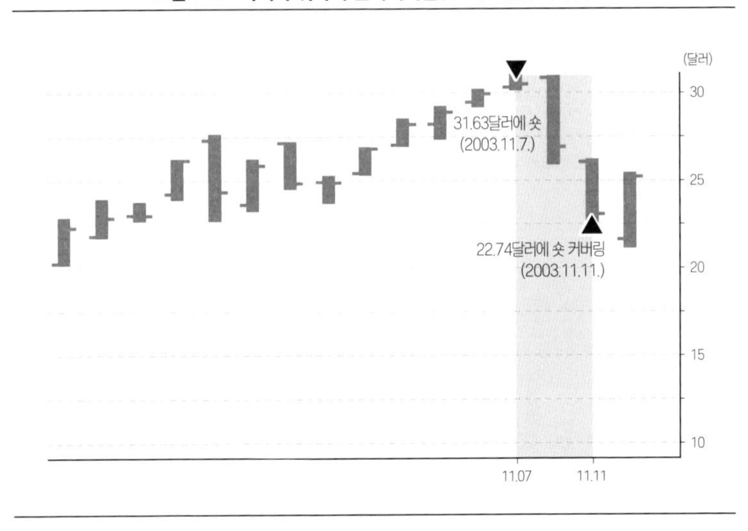

또 다른 예인 2003년 11월의 차이나 위차이 인터내셔널을 살펴보자(그림 3-8). 이 주식은 2주 만에 20달러에서 31달러로 수직 상승해 탐욕이 지배하는 상황이었다. 11월 7일 즈음에는 과매수 상태였고, 이를 기회로 수익을 얻기 위한 숏 진입이 증가했다. 이 때문에 주가는 상승 동력을 잃고 하락하기 시작해 평균으로 회귀했다.

앞서 설명했듯이, 시장이 하락할 때는 수익을 창출함과 동시에 롱 포지션에서 발생하는 손실을 만회하기 위해 숏 매매를 해야 한

● China Yuchai Internationa, 싱가포르에 본사를 둔 지주회사

다. 평균회귀 시스템에서 나는 다음의 격언을 따른다.

> 공포에 사고 탐욕에 팔아라.

평균회귀 롱

그림 3-9 › 사렙타 테라퓨릭스(SRPT)● 평균회귀 롱

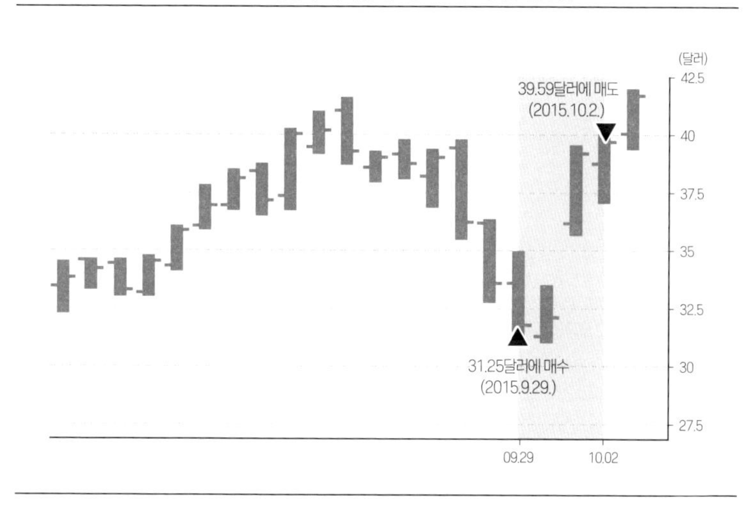

<그림 3-9>는 다른 방식의 평균회귀 매매다. 나는 여기서도 공포에 사고 탐욕에 팔았다. 공포에 사서 주가가 평균으로 회귀할 때까지 기다렸다. <그림 3-9>에서 주가가 상승 추세였다가 급격히 하락하는 것을 볼 수 있다. 이는 명백한 과매도 상황이다. 투자자들

● Sarepta Therapeutics. 미국의 의료 연구 및 의약 개발 회사

이 패닉에 빠져 주식을 내던지기 때문에 주가가 평균보다 더 높은 확률로 평균으로 회귀한다. 나는 31.25달러에 사서 3일 후 39.59달러에 매도했다.

그림 3-10 › 제너럴 뉴트리션 센터(GNC)• 평균회귀 롱

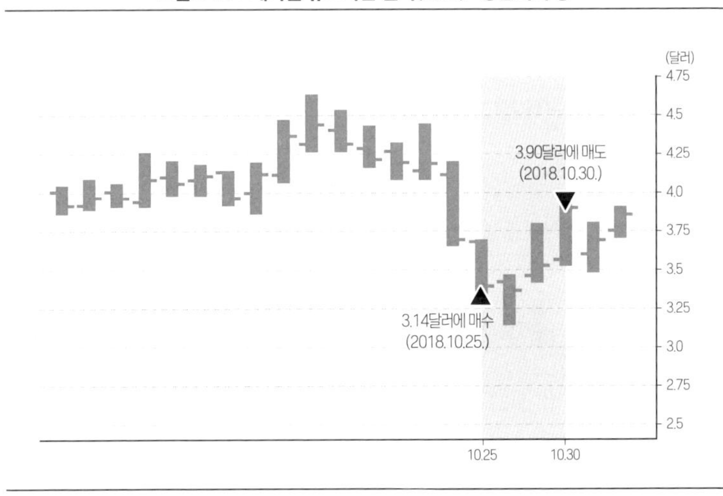

성공적인 평균회귀 롱 시스템의 또 다른 예가 있다(그림 3-10). 9월과 10월 초에 제너럴 뉴트리션 센터의 주가는 2.71달러에서 4.47달러로 급상승했다. 발 빠른 투자자들의 차익 실현이 시작됐고, 이는 투매로 이어졌다. 공포는 평균회귀 롱 포지션을 설정하는 데 매우 유용한 요소다. 나의 시스템이 주식을 매수하는 것이 유리한 과매도 상황을 포착했고, 3.14달러에 매수해 3거래일 후 평균으로 회귀

• General Nutrition Centers. 미국의 건강기능식품 회사

했을 때 3.90달러에 매도했다.

평균회귀 숏 시스템에서는 단기, 일테면 며칠 정도만 주식을 보유하고 바로 매도한다. 주가가 평균으로 회귀할 것으로 예측했지만 그 예측대로 되지 않더라도 며칠 내에 매도해 포지션을 정리하는 게 원칙이다.

내가 이상과 같은 성과를 거둔 것은, 이 주식들을 관심 있게 지켜보다가 매매 타이밍을 잘 잡았기 때문이 아니다. 깐깐한 백테스트를 완료한 나의 멀티 투자 시스템이 한 일이다. 내가 아니라 시스템이 일하게 하는 것, 이것이 내 전략의 핵심 개념이다.

롱과 숏, 각 시스템의 성과 예시

단일 롱 시스템의 예

표 3-4 › 장기 추세추종 단일 롱 시스템의 성과

1995년 1월 2일 ~ 2019년 7월 24일	투자 시스템	SPY
연복리수익률	22.52%	8.02%
최대 손실폭	42.14%	56.47%
연간 변동성	22.70%	18.67%
샤프	0.99	0.43
MAR	0.53	0.14
총수익률	**14,560.64%**	**562.51%**

그림 3-11 › 추세추종 단일 롱 시스템의 수익곡선

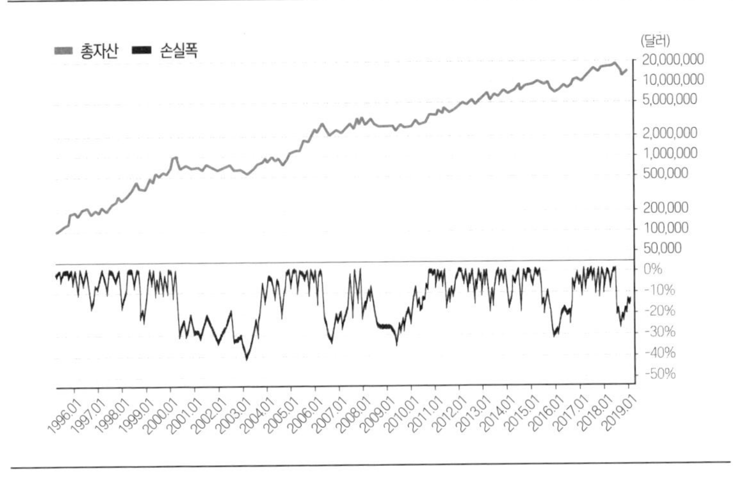

〈그림 3-11〉은 이 책의 다른 그래프들과 마찬가지로 1995년부터 2019년까지 백테스트한 시스템의 성과를 보여준다. 1995년부터 이 장기 추세추종 시스템은 22% 조금 넘는 연평균복리수익률을 기록했다. 최대 손실폭은 42%인데 대다수 투자자가 감당하기에는 너무 큰 손실률이다. 더욱이 최장 하락 기간이 4년 반으로, 일반적인 투자자들은 자산이 반 토막 나는 것을 견딜 수 없어 매도로 대응한다.

24년 동안 연복리 22%의 수익을 낼 수 있다면 누구나 만족할 것이다. 멀티 투자 시스템의 벤치마킹 대상인 S&P500지수의 수익률 약 8%에 비하면 훨씬 높으니 말이다. 하지만 갑작스러운 폭락장이 시작돼 투자금의 절반 가까이를 날리게 된다면 아마도 대부분이 주식을 접을 것이다.

단일 숏 시스템의 예

표 3-5 › 평균회귀 단일 숏 시스템의 성과

1995년 1월 2일 ~ 2019년 7월 24일	투자 시스템	SPY
연복리수익률	18.14%	8.02%
최대 손실폭	24.66%	56.47%
연간 변동성	11.50%	18.67%
샤프	1.58	0.43
MAR	0.74	0.14
총수익률	**5,897.58%**	**562.51%**

그림 3-12 › 평균회귀 단일 숏 시스템의 수익곡선

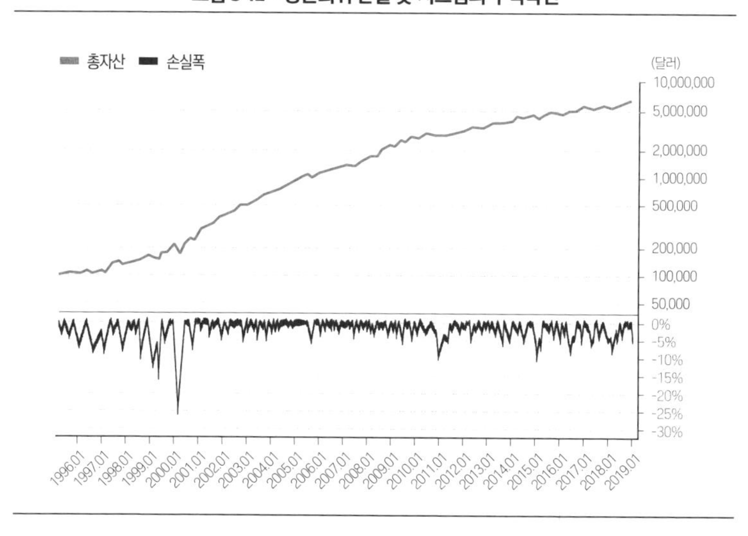

평균회귀 숏 시스템의 백테스트 결과, 같은 기간 18%의 괜찮은 수익이 발생했다. 단일 롱 시스템의 22%에는 조금 못 미치지만 S&P500지수의 수익률(8%)보다는 훨씬 높다. 최대 손실폭은 24%로, 단일 롱 시스템보다 손실폭이 작다.

멀티 투자 시스템의 마법

100% 롱과 100% 숏을 동시에 매매하면 어떤 일이 발생하는지 알아보자. 단순히 생각할 때, 롱과 숏을 동시에 운용하면 시스템이 서로의 손실을 메우는 상호 보완 작용을 하기 때문에 결론적으로는 수익도 손실도 없지 않을까 싶을 것이다. 즉, 일종의 제로섬게임이 아니겠느냐 하는 생각이다.

하지만 2개의 시스템을 통합해서 운용하면, 상승효과가 나타난다. 〈표 3-6〉에서 볼 수 있듯이 연복리수익률이 43%로 증가했다. 단일 시스템을 운용했을 때 백테스트 결과를 보면, 연복리수익률이 롱 시스템은 22%이고 숏 시스템은 18%였다. 최대 손실폭은 31%로 나타났는데, 단일 시스템에서 이 비율은 롱 시스템이 42%, 숏 시스템이 24%였다. 단일 숏 시스템보다는 높지만 단일 롱 시스템에 비하면 훨씬 개선된 수치다. 게다가 최장 하락 기간도 16개월로 줄어들었다. S&P500의 최장 하락 기간은 80개월로, 하락 직전 고점까지 회복하는 데 6년 반이 걸렸다. 그리고 MAR도 단일 롱 시스템 0.53

표 3-6 › 추세추종 롱 시스템과 평균회귀 숏 시스템을 통합했을 때의 성과

1995년 1월 2일 ~ 2019년 7월 24일	멀티 투자 시스템	SPY
연복리수익률	43.13%	8.02%
최대 손실폭	31.54%	56.47%
연간 변동성	20.70%	18.67%
샤프	2.08	0.43
MAR	1.37	0.14
총수익률	**666,623.64%**	**562.51%**

그림 3-13 › 추세추종 롱 시스템과 평균회귀 숏 시스템을 통합했을 때의 수익곡선

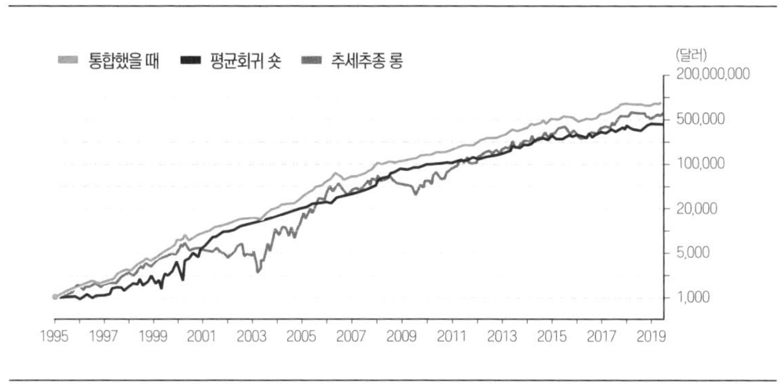

과 단일 숏 시스템 0.74에서 1.37로 개선됐다.

롱 시스템을 운용할 때는 추세가 내 편일 때 가능한 한 많은 수익을 창출하고, 추세가 내 편이 아닐 때는 손실을 최소화하는 데 중점을 둔다. 다시 말해 상승 추세일 때 돈을 벌고, 2008년처럼 매매 기회를 찾기 어려운 시기에는 투자하지 않고 현금으로 보유한다. 숏 시스템은 이와 반대로 작동한다. 즉 시장이 하락할 때 수익을 창출하고, 상승장에서는 매매하지 않는다.

만약 당신이 상승장뿐만 아니라 2000년, 2008년, 2018년 후반과 같은 하락장에서도 돈을 벌 수 있다는 것을 안다면, 매우 편안한 마음으로 투자에 나설 수 있을 것이다. 그렇게 하도록 돕는 것이 멀티 투자 시스템이다.

> 시스템은 시장 움직임에 대해
> 어떤 견해나 선호도를 가지고 있지 않다.
> 시스템이 필요로 하는 유일한 한 가지는
> 시장의 움직임 그 자체다.

그 움직임이 설령 횡보라고 하더라도, 시스템은 평균회귀 숏과 평균회귀 롱 같은 단기 매매로 수익을 창출할 수 있다. 주가가 박스권에서 움직일 때 평균회귀 시스템은 과매수된 주식에서는 숏 포지션을 취하고 과매도된 주식에서는 롱 포지션을 취한 다음, 주가가 평균으로 돌아오기를 기다린다. 그게 전부다.

롱과 숏을 같이 매매하고 추세추종과 평균회귀를 동시에 매매하는 것처럼, 방향성과 스타일이 다른 시스템을 동시에 가동하는 것이 멀티 투자 시스템의 기본적인 구조다.

당신은 모든 시스템의 운용 원칙을 지금 당장 알아보고 싶을 것이다. 물론 모든 시스템에 반드시 포함되는 12가지 요소를 비롯해 시스템의 전반적인 메커니즘을 자세히 알려줄 것이다. 다만, 그 전에 한발 물러서서 자신에게 몇 가지 기본적인 질문을 해보길 바란다. 그래야 자신에게 맞는 시스템을 구축할 수 있기 때문이다. 다음 장에서는 무엇을 물어야 하는지 이야기해보겠다.

4장

돈을 벌고 싶다면, 먼저 목표를 설정하라

사람들과 투자에 대해 이야길 나누다 보면 가장 많이 듣게 되는 말이 이것이다.

"최소한의 위험으로 가능한 한 많은 돈을 벌고 싶어요."

아마 모든 사람이 원하는 바일 것이다. 하지만 이 말은 전혀 타당하지 않다.

두 번째로 자주 듣는 말은 유명한 투자자나 헤지펀드 매니저처럼 투자하고 싶다는 것이다.

"저는 최고에게서 배우고 싶어요. 그런 다음에 똑같이 따라 할 겁니다. 제가 당신을 찾아온 이유가 바로 이것입니다."

나를 최고로 인정해주는 건 고마운 일이지만, 그 의도에는 공감할 수 없다. 최고가 하는 방법을 똑같이 따라 하는 것은 불가능하다. 개인적인 상황과 취향이 저마다 다르고 강점과 약점도 모두 다르기 때문이다.

예를 들어 믿음에 대해 한번 살펴보자. 시장이 영원히 상승할 것으로 믿는 상승 편향의 보유자들이 있는가 하면, 시장은 변덕이 죽 끓듯 하는 곳이라고 믿는 사람들도 있다. 그런 믿음의 차이가 투자 방식에도 영향을 미친다. 시장이 계속해서 상승할 것으로 믿는 이들은 주식을 사서 오래도록 보유할 것이고, 시장이 언제 변할지 모른다고 믿는 사람들은 주식을 사자마자 매도 시점을 노릴 것이다.

또 학창 시절에 성적을 가장 중시했던 투자자라면 수익이 적거나 손실이 나는 매매를 했을 때 자책하기 쉽다. 반면, 많든 적든 수익이 발생하는 한 절대 망하지 않는다고 믿는 사람들은 시장에 진중하게 머물러 있을 것이다.

위험에 대해서도 저마다 다른 견해를 가지고 있다. 서두에서 소개했듯이, 대부분 사람은 위험은 적게 부담하면서 수익은 키우고 싶어 한다. 하지만 지구상에 그런 투자 방법은 없다. '고위험-고수익'이라는 말이 있듯이, 높은 수익을 바란다면 그에 상응하는 위험을 부담해야 한다. 반면, 위험에 민감하지 않은 사람들은 "소액 위험은 감수할 수 있다. 이 정도 금액은 잃어도 전혀 상관없다"라고 말한다. 그들은 가장 위대한 투자자 중 한 명인 폴 튜더 존스Paul Tudor Jones[●]처럼 평균 투자수익이 평균 투자손실보다 훨씬 더 큰 비대칭 수익을 추구한다. 이런 투자 방식은 투자 기간에 60~70% 또는 그 이상의 손실이 발생할 수도 있음을 의미한다. 하지만 60~70%라는 손실률은 일반 투자자가 심리적으로 감당하기에는 너무나 크다.

● 튜더 인베스트먼트(Tudor Investment) 창립자

당신은
어떤 사람인가?

투자 전망과 위험 감내 수준이 사람들마다 다른 만큼, 채택하는 투자 시스템도 무척 다양하다. 여기서는 네 사람의 예를 들어 이야기해보고자 한다.

존

존은 역동적인 삶을 살고 있는 참을성 없는 스물여덟 살의 청년이다. 3만 달러의 투자 원금으로 게임 또는 도박을 하듯 투자한다. 젊지만 상당히 높은 연봉을 받기 때문에 투자에서 35% 정도의 손실이 발생해도 별로 개의치 않는다. 아직 미혼이라 가장으로서의 책임도 없고, 은퇴는 먼 훗날의 일이니 관심사가 아니다. 매매의 스릴을 좋아해서 매일매일 컴퓨터 앞에 앉아 주식을 사고팔며, 수익이 발생하면 멋진 차를 사는 데 쓸 생각이다.

짐

짐은 쉰다섯 살의 직장인으로, 조만간 은퇴하길 원한다. 200만 달러의 투자자산을 보유하고 있으며, 존보다 위험 감내 수준이 훨씬 낮다. 돈을 모으기 위해 오랫동안 열심히 일해왔기 때문에 손실이 나는 것을 원치 않는다. 자신의 투자자산이 자연스럽게 천천히 증가하기를 원하고, 15% 이상의 손실은 은퇴를 위협할 수 있다고 여겨 극도로 꺼린다. 컴퓨터를 잘 다루지만 매매 때문에 컴퓨터 앞에 가만히 앉아 있는 것은 좋아하지 않는다. 낮은 위험과 변동성을 바탕으로 매년 15% 정도의 수익을 창출하면 매우 만족스러울 거라고 생각한다.

도널드

도널드는 일흔두 살의 은퇴자로, 700만 달러의 자산을 대부분 개인 연금계좌IRA에 보유하고 있다. 세금 내는 것을 싫어하기에, 매매 차익에 부과되는 세금을 피해 사서 보유하는 전략을 선호한다. 컴퓨터를 사용할 수는 있지만 그리 능숙하게 다루지는 못한다.

브라이언

마흔여섯 살의 브라이언은 고액 연봉을 받는 회사 임원으로 엄청나게 바쁜 삶을 살고 있다. 50만 달러의 투자 자금을 보유하고 있으며, 수학을 잘하고 컴퓨터도 잘 다룬다. 다만, 더 많은 부를 축적하고 싶지만 시간을 내기가 쉽지 않다. 기껏해야 1주일에 1시간 정도 투자에 할애할 수 있다.

이 사람들은 모두 투자를 할 수 있지만, 성공적인 투자를 위해서는 심리, 직업, 삶을 반영한 각자의 투자 방법과 전략이 필요하다. 내가 사용하는 방법은 이들의 삶과 특징을 전혀 반영하지 못하기 때문에 내 전략을 그대로 모방해서는 돈을 벌 수 없을 것이다. 따라서 내가 사용하는 전략을 오랫동안 유지하지도 못할 것이다. 투자에 성공하려면 가장 먼저 자신을 잘 알아야 하고, 자신의 투자 목표를 명확하게 정해야 한다.

어떤 투자를 하고 싶은가?

투자를 시작하고자 하는 사람은 자신에게 다음의 질문을 던져야 한다.

- 기술적 분석에 어느 정도 익숙한가?
- 수학을 잘하는가?
- 컴퓨터를 잘 다루는가?
- 큰 그림을 잘 그리는가, 아니면 디테일에 강한가?
- 숫자 다루는 일을 좋아하는가?
- 분석하기를 좋아하는 성격인가?
- 보유한 투자 계좌는 과세 계좌인가, 비과세 계좌인가?
- 하루에 몇 번 정도 투자 시스템에 접속하는가?

주식 투자를 하면서 스스로 시간에 관한 질문을 던져본 사람은 별로 없을 것이다. 어떤 사람은 컴퓨터 앞에 앉아 계속 매매하는 것을 즐긴다. 또 어떤 사람은 하루에 30분 정도면 충분하다고 생각하고, 아이들과 직장 때문에 바쁜 나날을 보내는 사람은 일주일 또는 한 달에 한 번 정도 시간을 내서 계좌를 살펴보거나 주문을 내기도 한다. 자신의 계좌와 아이들을 위한 계좌를 따로 만들어 투자하는 사람도 있고, 엄청나게 단순한 투자를 선호하는 사람도 있다. 계좌에 500만 달러를 보유한 사람도 있고, 5,000달러만 보유한 사람도 있다. 500만 달러의 자본이라면 멀티 투자 시스템을 구축할 때 더 많은 기회가 존재하고, 5,000달러가 있다면 단순하게 가는 것이 훨씬 유리할 것이다.

앞의 질문에 대해 어떤 답을 했든 간에 당신을 위한 전략은 반드시 존재한다.

내가 사람들에게 자주 하는 질문 중 가장 중요한 것은 이것이다.

"당신이 생각하는 완벽한 투자자의 삶은
어떤 모습입니까?"

이 질문은 많은 것을 보여준다. 먼저 전반적인 목표를 세부적으로 살펴본 뒤, 이어서 개별 시스템의 목표를 설정해보자.

전반적인 목표

개인적 목표

이 목표의 의미는 개인적인 상황을 살펴본 다음, 자신이 생각하는 투자자로서의 완벽한 삶을 정의하고 진정으로 원하는 것이 무엇인지 자문해보는 것이다.

당신이 투자하는 이유는 무엇인가. 부의 축적? 매달 발생하는 현금흐름? 아니면 또 다른 목표가 있는가?

사람들은 생각 외로 명확한 목표를 가지고 있지 않으며, 명확한 목표가 없는 투자는 성공하기 어렵다. 예를 들어 역동적인 삶을 살고 싶어 하는 사람이 있다고 해보자. 그의 현재 삶은 지루하다. 자신과 달리 투자자들은 매우 재밌는 삶을 산다고 생각하고, 그들처럼 되기를 원한다. 투자라는 게임에서 더 높은 승률을 기록하기를 갈망하기도 한다. 이런 접근법은 매우 위험하다. 역동적인 삶을 살고 싶다는 생각에 투자를 할 때도 과도한 포지션을 취할 수 있기 때문이다. 그러다가 시장이 포지션과 반대 방향으로 움직이면 계좌가 순식간에 반 토막 날 수도 있다.

투자는 게임이 아니다. 당신의 소중한 자산이 걸려 있는 일이다. 따라서 깊이 이해하고 잘 관리해야 한다.

심리적 목표

투자하는 동안 어떤 기분이기를 원하는가? 사람들의 대답은 모두 다르겠지만, 자신이 구축한 시스템을 어떤 경우에도 따르기 위해서는 이 질문에 반드시 답해야 한다. 투자 포지션에 대한 예측, 망설임, 의심, 두려움, 불안, 과도한 즐거움 등과 같은 감정은 배제해야 한다. 투자 성과에 대해 과도하게 기뻐한다는 것은 예상보다 훨씬 많은 수익이 창출됐다는 의미이고, 달리 말하면 너무 큰 위험을 감수하고 있다는 뜻이다. 과도한 위험을 감수할 때 시장이 하락하면, 즐거움은 순식간에 공포로 바뀐다.

당신은 완벽한 투자에 적합한 정신 상태를 유지해야 한다. 최고의 투자자들이 신봉하는 믿음 중 하나는 '투자는 지루해야 한다'라는 것이다. 당신의 투자 방법이 지루하다면, 어떤 투자 상황도 감정적으로 처리하지 않는다는 뜻으로 여기면 된다. 그러니 투자 시스템을 시행해도 된다.

위험 감수 목표

실제 투자에서 당신이 비교적 마음 편하게 감당할 수 있는 평균 손실은 어느 정도인가? 단 한 명의 예외도 없이, 내가 아는 모든 투자자가 이 수치를 과도하게 높게 설정하고 있었다. 그들은 수익곡선이 상승하는 움직임만 볼 뿐 자신이 손절매를 20%로 설정했다는 사실에는 별 관심을 두지 않는다. 주가가 조금씩 하락해도 '확실히 손실이 있긴 하네. 그러나 어쨌든 다시 올라갈 거잖아'라고 생각한다. 하지만 실제로 주가가 손절매 지점까지 내려가 주식이 매도되면 대부분이 패닉에 빠진다. 내 경험에 따르면, 99% 이상의 투자자들은 자신이 감수할 수 있는 손실 수치를 절반 정도 줄여 더 보수적으로 잡아야 한다.

그와 관련된 또 다른 질문이 있다. 실제 투자에서 투자 시스템을 중단시키지 않고 계속 투자를 진행할 수 있는 최대 손실을 어느 정도로 생각하는가? 당신은 돈을 벌기 위해 위험을 감수하는 것이므로 평균 손실은 당연히 부담해야 한다. 그리고 때때로 투자 시스템에 보통 이상의 큰 충격이 발생하는데, 그때도 투자를 지속해야 한다. 그런데도 최대 손실이 예상한 것보다 훨씬 클 경우, 대부분 사람은 주식을 매도하고 투자를 포기해버린다. 이런 점을 고려하여 자신이 감당할 수 있는 최대 손실폭을 미리 생각해두어야 한다.

다음은 손실 기간에 대한 질문이다. 당신은 수익이 나지 않는 상황을 얼마나 오랫동안 견딜 수 있는가? 앞에서 살펴본 대로, S&P500지수는 2000~2003년 약세장 이후 7년이 지나서야 이전 수준을 회복했다.

우리가 앞으로 만들 시스템은 수익이 나지 않는 기간이 대체로 짧은 편이다. 하지만 만약 그 손실 기간을 감당하기 어렵다면, 매매 빈도가 높은 시스템을 구축해야 한다. 예를 들어 당신의 투자 시스템이 1년에 열 번 정도만 매매하도록 만들어졌고, 손실이 20% 발생했다고 하자. 그 시스템에서는 매매가 발생하지 않을 가능성이 매우 크기 때문에 오랫동안 그 손실을 감내해야 한다. 그런데 더 높은 빈도로 매매하도록 보완하면 곧 기회를 포착해 시장에서 빠져나올 수 있다.

✓ 수익 목표

큰 수익은 모든 사람이 원하는 목표다. 심지어는 연 100% 수익을 원하는 사람도 있다. 그러나 수익과 위험은 항상 동행한다는 사실을 간과해서는 안 된다. 사람들은 수익이 나면 즐거워하지만, 연 100% 수익을 얻기 위해서 위험을 감수해야 한다는 사실은 이해하지 못한다.

**수익과 위험은 항상 긴밀하게 연결되어 있으며,
높은 수익을 원한다면 높은 위험을 감수해야 한다.**

이렇게 말하는 사람들도 드물지 않다.

"저는 적어도 30~40%의 수익을 원합니다. 그러나 4% 이상의 손실은 감당할 수 없습니다."

나는 그런 얘기를 들을 때마다, 그렇다면 당신은 원하는 것을 오랫동안 달성하지 못할 거라고 얘기해준다. 과최적화된 백테스트에서는 달성 가능한 목표일 수도 있지만, 실제 투자에서는 정해둔 기준 이상의 손실이 발생할 것이고 그로 인해 공포에 빠져버릴 것이다.

당신의 투자 시스템이 강점을 가지고 있고 당신이 심리적으로 위험을 감당할 준비가 되어 있다면, 위험을 더 많이 감수하려고 할수록 더 많은 수익을 창출할 수 있다. 위험을 감수할 수 없으면, 전부 현금화해서 위험을 0으로 만드는 수밖에 없다.

✓ 투자 스타일 목표

투자 스타일에는 추세추종과 평균회귀가 있다. 추세추종은 장기로 추세를 추종하면서 추세가 반전될 때까지 계속 유지하는 방식이다. 추세 기간이 길면 길수록 수익은 더 커진다. 투자 관련 행위가 별로 없기 때문에 대부분 투자자가 지루하다고 느끼는 시스템이다. 하지만 지루함이 이 방식의 핵심이다.

앞서 말한 대로 추세추종 투자를 할 때는 몇 번의 꽤 큰 손실을 감내해야 하고, 시장이 실제로 추세를 형성했을 때도 투자 기간의 30~40% 정도에서만 수익이 발생한다. 시장이 횡보할 경우에는 돈을 벌지 못한다. 추세추종 시스템은 추세가 생성되기 전까지는 수익을 얻기가 어렵지만, 추세가 생기면 큰 수익이 발생한다.

평균회귀 방식은 일반적으로 단기 투자 방식이다. 예를 들어 과도한 매도로 현재는 가격이 낮지만, 얼마 지나지 않아 평균 주가로 돌아갈 것으로 예상되는 주식을 사는 것이다. 평균 주가로 회귀할 통계적 가능성을 알고 있다는 것이 이 시스템의 강점이다. 단기 투자에 적합한 시스템이기 때문에 포지션을 며칠 동안만 유지하며, 각 매매의 예상수익은 그리 크지 않다. 따라서 평균회귀 시스템으로 큰 수익을 내려면 매매 횟수를 늘려야 한다. 1년에 스무 번 정도만 매매한다면 70% 이상의 높은 승률을 기록하겠지만, 연평균 수익률은 1%대에 불과할 수도 있다.

이 시스템은 단기 매매용이므로 10달러에 사서 11달러에 파는 경우도 있다. 나쁘지 않지만, 괜찮은 수익률을 얻으려면 이런 매매를 여러 번 해야 한다. 그에 비해 추세추종 시스템에서는 한 번만 매매해도 추세가 지속되는 한 이론적으로는 무한대의 수익을 확보할 수 있다.

성격이 급하거나 활동적인 사람이라면 평균회귀를 더 좋아할 것이다. 승률도 더 높고 더 많은 투자 행위를 하기 때문이다. 반면, 조용하게 추세를 추종하는 투자를 더 선호하는 사람도 있다.

이 책에서 중점적으로 다루는 핵심 이론이자 추세추종과 평균회귀의 가장 좋은 점은, 두 방식을 통합했을 때 손실은 줄이고 연복리 수익률은 기하급수적으로 증가시킬 수 있다는 것이다.

방향성 목표

앞에서 얘기했듯이 당신은 롱 포지션과 숏 포지션을 모두 취할 수 있다. 롱 매매는 시장의 상승에 베팅하고, 숏 매매는 시장의 하락에 베팅하는 방법이다. 우리는 백테스트를 통해 시장이 명확하게 상승 경향이 있음을 확인했다. 구체적으로 말하자면, 지난 24년 동안 시장은 매년 평균 8% 상승했다.

만약 당신이 IRA 계좌를 통해 투자하고 있다면, 방향성 목표를 설정할 때 약간의 제한을 받게 된다. 앞서 설명한 것처럼 IRA 계좌는 공매도가 금지되어 있기 때문에 숏 시스템을 활용할 수 없다. 그와 별개로 애초에 숏 포지션을 좋아하지 않는 투자자들도 많다. 그들은 주가 하락에 돈을 거는 것을 매국노 같은 행동이라고 생각한다. 나는 그들의 생각에 동의하지 않지만, 만약 당신이 숏 포지션을 좋아하지 않는 투자자들과 비슷한 생각이라고 하더라도 멀티 투자 시스템을 구축하는 데는 문제가 없다.

기한 목표

어떤 종류의 매매를 원하는가? 수익을 빠르게 실현하기를 원하는가? 오버나잇 리스크•가 없는 장중 매매에만 참여하여 매일 포지션을 정리하고 싶은가?

많은 사람이 오버나잇 리스크에 대한 염려 없이 깊은 잠을 자고 싶어 한다. 만약 당신도 장 마감 후나 주말 동안 포지션에 대해 걱정하는 사람이라면, 장중 매매가 훨씬 좋을 것이다. 반면 "시장에 너무 많은 노이즈•• 요소가 있기 때문에 나는 장기 포지션을 선호한다. 시장이 움직일 때까지 참을성 있게 기다릴 필요가 있다고 생각한다"라고 말하는 사람도 있다.

투자 스타일과 방향성 목표처럼 롱과 숏의 시간 프레임을 통합한다면, 당신의 투자 성과는 더욱 개선될 것이다.

운용 목표

어떤 방식으로 투자하고 싶은가? 구체적으로 언제 매매하기를 원하는가? 장이 열리기 전 한 번만 매매하고 그다음엔 다른 일을 하기

• overnight risk. 장 마감 시점에도 포지션을 보유한 상태로 하루를 넘길 때의 리스크로, 외부 변수나 기업의 돌발 이슈 탓에 주가에 큰 변동이 일어날 수 있는 상황을 가리킨다. 비슷한 개념으로 위켄드 리스크(weekend risk), 홀리데이 리스크(holiday risk) 등이 있다.

•• noise. '잡음'이라는 뜻으로, 크게 의미가 없는 움직임이나 데이터를 가리킨다.

를 원하는가, 아니면 관심 종목을 주의 깊게 살펴보며 온종일 모니터 앞에 머물기를 원하는가? 자동 매매 플랫폼을 이용할 것인가, 아니면 수동으로 일일이 주문할 것인가?

일상적인 운용 방법을 포함하여 다양한 옵션을 고려해서 투자 시스템을 설계해야 한다.

개별 시스템의 목표

전반적인 목표가 설정되면 이제는 개별 시스템의 목표에 주의를 기울여야 한다. 우리의 전략은 서로 상관관계가 없는 여러 개의 투자 시스템을 통합하는 것이다. 각각의 시스템에 대해 다음 질문을 스스로 해본다.

개별 시스템을 전반적인 목표와 전략에 어떻게 접목할 것인가?

이는 언제 수익이 창출되고, 언제 손실이 발생할 것으로 예상하느냐에 대한 질문이다. 이 중에서 손실과 관련한 내용은 매달 수익이 발생하는 개별 시스템을 설계하려는 사람들에게는 의외의 질문이 될 수도 있다.

하지만 멀티 투자 시스템은 태생적으로 한 시스템에서 수익이 발생하면 다른 시스템에서는 손실이 발생한다. 컴퓨터를 이용해 매달 수익이 발생하는 시스템을 개발할 수는 있지만, 그것은 어디까지나

과최적화 상태에서만 작동할 것이다. 다시 말해, 과거에는 매우 적합하지만 미래는 과거의 거울이 아니기 때문에 미래에는 잘 들어맞지 않는다.

강세장에서 추세를 따르는 장기 추세추종 시스템을 만들었다고 해보자. 분석을 통해 2013년부터 2017년까지 큰 수익을 거둔 것을 확인했으나, 백테스트 기간 중 2008년과 2018년 말의 약세장에서는 손실이 발생했다. 이 결과를 바탕으로 당신은, 이 시스템으로는 만약 시장이 56% 하락하는 상황이 발생할 경우 돈을 벌 수 없다고 생각할 것이다. 하지만 56% 폭락은 완전히 비현실적인 예상이다. 이 예상이 타당성을 가지려면 명확한 검증 과정을 거쳐야 한다.

시스템을 설계할 때 주의해야 할 사항이 있다. 당신이 대단한 주식을 발굴해 항상 돈을 벌고, 시장이 바닥을 모르고 하락할 때도 손실 없이 빠져나올 수 있는 특별한 시스템을 개발할 수 있다고 생각하면 안 된다는 것이다. 시장의 급격한 하락은 엄청난 공황을 부른다. 산업이나 사업 분야와 관계없이 시장 전체에 강력한 매도 압박이 발생하기 때문이다.

✅ 어떤 투자 포트폴리오를 구성하기를 원하는가?

많은 주식으로 구성된 큰 포트폴리오를 보유하고 자주 매매하기를 원하는가, 아니면 일반적으로 더 안전하다고 여겨지는 몇 개 종목으로 구성된 작은 포트폴리오를 원하는가? 거래량이 많은 종목과 거래량이 작은 종목 중 어느 것을 원하는가?

예를 들어 거래량이 작은 종목을 선택한다면, 기관 투자자들과 경쟁하지는 않을 것이다. 기관 투자자들은 유동성을 중시하므로 그들과는 완전히 다른 장소에 있는 셈이라고 할 수 있다. 이런 점이 당신에게 이득일까, 손해일까?

✓ 어떤 가격대를 원하는가?

거래량과 마찬가지로, 가격이 매우 낮은 종목을 매매하는 것도 거대한 기관 투자자들이 노는 물과는 완전히 다른 곳에 있는 셈이다. 10달러 이하의 주식에서는 기관 투자자들을 보기 힘들다. 어떤 사람들은 변동성이 큰 저가주 매매를 좋아하며, 어떤 사람들은 주가가 비싸 거래가 자주 일어나지 않는 주식을 선호한다. 당신이 선호하는 가격대를 생각해보라.

✓ 시장 진입 시기를 언제로 잡고 싶은가?

예를 들어 어떤 사람들은 전체적인 시장 상황을 확인하는 것을 좋아해서 S&P500지수가 상승 추세일 때 투자를 시작한다. 또 어떤 사람들은 특정 종목의 주가 움직임만 보고 진입 시기를 결정한다. 당신은 어떤가?

✓ 매매를 어떻게 시작하고 싶은가?

매매할 때 시장가 주문을 선호하는가, 아니면 지정가 주문을 내는 편인가? 다시 말해 확실한 체결을 위해 약간의 수수료를 부담할 용

의가 있는가, 아니면 오직 지정된 가격으로만 매매하고 싶은가?

시장가로 주문하면 주문이 확실히 체결되는 대신 일정 부분의 슬리피지를 부담해야 한다. 반면 지정가로 주문하면 슬리피지는 발생하지 않지만 주문이 체결되지 않을 가능성이 있다.

✅ 매도할 때 사용하는 지표는 무엇인가?

매수하기 전에 어떻게 매도할 것인지 생각해두어야 한다. 어떤 근거로 매도 결정을 할 것인가?

✅ 손절매 기준은 무엇인가?

손절매는 당신이 위험을 어떻게 정의하고 어떻게 최소화하려 하는지와 관련이 있다. 우선 당신이 얼마의 손실을 감당할 수 있는지 알아야 한다. 설정된 손절매 기준은 매매 빈도에 영향을 준다. 손절매 구간을 아주 작게 설정한다면 손절매를 자주 하게 될 확률이 높다. 반면 손절매 구간을 크게 잡으면, 매도가 비교적 드물게 일어나므로 매매 빈도가 낮아진다.

손절매는 승률, 즉 전체 거래에서 수익이 발생한 거래의 비율을 결정한다. 손절매 구간을 작게 잡는 것이 손실에서 당신을 보호해 주는 것처럼 보이지만, 때로는 이중으로 손해를 보는 상황이 발생하기도 한다. 작게 설정된 손절매 구간이 해당 주식의 변동성 범위 내에 있는 경우가 그렇다. 때로는 손절매한 후에 주식이 상승하는 것을 구경만 해야 하는 상황이 발생할 수도 있다.

✓ 추세추종 시스템에서 추격 역지정가 주문을 설정할 때, 무엇을 기준으로 하는가?

이것은 당신이 수익의 얼마를 반납할 의지가 있는지를 반영한다. 당신이 주가 변동에 민감한 사람이라면, 주가가 상승했다가 다시 하락할 때 지금까지 획득한 수익을 상당 부분 보존하기 위해 추격 역지정가 주문을 현재가에 가까이 설정할 것이다. 하지만 이렇게 하면 큰 추세 중에 작은 조정이 발생했을 때 주식이 매도돼 더 큰 수익을 거둘 수 있었던 기회를 날려버릴 수도 있다.

✓ 차익 실현을 언제 하기를 원하는가?

추세추종자들은 추세가 반전될 때까지 추세를 따라가면서 추격 역지정가 주문을 통해 보유 물량을 매도한다. 그에 비해 단기 투자자들은 목표 가격을 좋아한다. 예를 들면 '10달러에 사서 3일 안에 11달러가 되면 매도해야지'라고 생각한다. 이처럼 목표 가격을 아주 낮게 설정하면 금방 차익을 실현하게 되고, 수익 낸 거래가 많아지는 만큼 승률도 높아진다. 하지만 연간수익률을 계산해보면 크게 높지 않을 것이다.

✓ 언제 매도하기를 원하는가?

장중 지정가 매도를 원하는가, 아니면 장 시작 때나 마감 때 시장가로 매도하기를 원하는가?

이상의 질문들에 대한 당신의 답변이 앞으로 설계할 시스템의 제한 변수가 된다. 이를 바탕으로 시스템을 만들고, 검증하고, 다듬어 나가야 한다.

개념적으로 올바른 시스템

오늘날 우리는 인류가 일찍이 경험해본 적 없는 컴퓨터 세상에 살고 있다. 그 덕에 엄청나게 많은 변수들로 백테스트를 실시할 수 있다. 모든 변수를 검토한 다음 당신에게 "이것, 이것, 이것에 투자하면 최상의 결과를 얻을 것입니다"라고 조언해주는 프로그램도 있다. 어떤 사람들은 이런 방식이 투자 시스템을 만드는 훌륭한 방법이라고 생각하지만, 실제로 그것은 단순한 데이터 마이닝data mining에 불과하다. 이런 방법들은 과거에 발생한 일에서 수익을 창출하기 위해 변수들을 어떻게 설정해야 하는지 알려준다.

> 하지만 미래는 과거와 똑같지 않다.
> 따라서 과거 데이터를 기반으로 과최적화된 시스템과
> 실제 투자 성과에는 차이가 발생할 것이다.

그렇다면 개념적으로 올바른 시스템을 개발하는 방법은 무엇일까? 예를 들면 '장기 추세추종 롱 시스템은 시장이 상승세이면 돈을 벌고, 시장이 하락세이면 돈을 잃는다'와 같은 명제에서 시작하는 것이다. 역으로, 장기 추세추종 숏 시스템을 만들고 싶다고 해보자. 시장은 해마다 대개는 상승하기 때문에 숏 시스템으로는 손실이 발생하게 된다. 아마도 매년 조금씩 돈을 잃을 것이다. 그러나 2008년의 시장 붕괴 같은 엄청나게 큰 위기가 닥치면, 엄청난 수익을 거둘 수 있다. 그동안의 자잘한 손실은 보험료로 여기면 된다.

이처럼 당신이 아는 개념에서 시작하면 어떤 상황에서도 잘 작동되는 시스템을 개발할 수 있다. 언제 매수하고 언제 매도할지에 대한 기준 등 여러 측면에서 개념적으로 적절한 원칙을 정하고 통합한다면, 성배에 한 발짝 더 다가설 수 있을 것이다.

손실과 하락은 피할 수 없다

주식 이야기를 나누던 중 "10% 손실 정도면 충분히 감내할 수 있어"라고 말한 회사 동료가 있다. 어느 날 그에게 투자가 잘되고 있느냐고 물었더니 진작에 팔았다고 대답했다. 10% 손실이 발생하자 더는 참을 수가 없었다는 것이다. 손실이 나기 전 머릿속에서는 10% 쯤이야 아무렇지도 않다고 생각했지만, 실제로는 그렇지 않더라고 했다. 그는 자신을 전혀 이해하지 못하고 있었다.

많은 사람이 수익에만 초점을 맞추는 경향이 있다. 연평균

40~50%의 수익률을 바라고, 엑셀을 이용해 10년 또는 20년 안에 얼마나 많은 돈을 벌 수 있는지 계산하면서 더 큰 집과 보트를 꿈꾼다. 그들은 수익만 바라보고 손실은 까맣게 잊어버린다. 그러다가 시장이 하락하거나 계좌에 손실이 발생하면 그제야 비로소 자신이 손실을 감당하지 못한다는 것을 깨닫는다.

내가 고객들과 같이 일을 시작했을 때, 내 고객들은 당장 컴퓨터 프로그램을 이용해 투자 시스템을 구축하고 싶어 했다. 하지만 나는 그들의 심리와 목표를 탐구하는 데 첫 한 달을 사용했다. 만약 그들이 이 부분을 건너뛰었다면 자신들의 믿음, 생활 방식, 기호와 선호 등을 제대로 반영하는 시스템을 구축하지 못했을 것이고, 따라서 효과적인 투자도 불가능했을 것이다. 성공적인 투자의 핵심은 투자를 지속하는 것인데, 투자에 앞서 방금 언급한 작업을 제대로 수행하지 못한 투자자는 그렇게 하기가 어렵다. 무엇보다, 자신이 감당할 수 있는 위험이 어느 정도인지를 알지 못하기 때문이다.

이 작업을 할 때 나는 사람들에게 마음 편하게 감당할 수 있는 최대 손실, 평균 손실, 손실 기간 등과 같은 위험 목표에 대해 질문한다. 50만 달러를 보유한 투자자가 자신은 30% 손실까지는 감당할 수 있다고 말한다고 해보자. 아마 20년 동안 열심히 모은 돈일 것이다. 나는 "1년 후 35만 달러가 되면 어떤 기분일까요?"라고 다시 질문한다. 그러면 열에 아홉은 "끔찍하죠!"라고 답한다. 그런 기분일 때 투자를 할 수 있겠냐고 또 한 번 질문하면, 대부분이 할 수 없을 것 같다고 말한다. 50만 달러에서 30% 손실까지는 감내할 수 있다고 말했지만, 결과적으로 같은 수치인 35만 달러에 대해서는 감정적으로 예민하게 반응하는 것이다.

그와 비슷한 수준의 손실, 아니 그 이상의 손실도 당연히 발생한다. 심지어 손실을 이미 한 번 경험했다고 해서 다시 발생하지 말라는 법도 없다. 그렇지만 대다수 투자자는 그렇게 생각하지 않으며, 특히 10년 동안 강세장을 경험한 투자자들은 더더욱 그렇다. 그러나 이것만큼은 분명하다.

[투자 과정에서 하락과 손실은 당연히 발생한다.]

대공황의 약세장은 1933년에 끝났지만, 대공황 이전으로 회복되는 데 25년이 걸렸다. 25년간의 하락과 손실. 이것에 대해 당신은 어떻게 생각하는가?

당신과 내가 만들 시스템에서는 대공황 당시의 경우보다는 훨씬 작은 손실이 발생하지만, 그래도 손실은 피할 수 없다. 손실과 함께 가야 한다는 사실을 깔끔하게 인정해야 한다.

나는 모든 고객에게 천천히 시작하라고 조언한다. 우선 연평균 30% 대신 연평균 15%로 수익률을 정한다. 그런 다음에는 자신이 일간 변동성을 잘 처리하는지 살펴봐야 한다. 그리고 두세 번의 큰 손실을 감당할 수 있는지도 확인해야 한다. 만약 여기까지 별문제가 없다면, 위험의 크기를 조금 키운다. 단, 조금씩 천천히 키워야 한다. 시장이 무너져 매우 감정적인 심리 상태가 되면 오히려 위험을 더 크게 감당하는 쪽으로 의사결정을 하게 되고, 결국엔 투자금을 모두 잃고 빈손으로 일어서야 할 수도 있기 때문이다.

5장

투자 목표에 맞춰 포지션의 크기를 설정하라

포지션 크기를 최적으로 설정하는 것은 위험을 관리하고 투자 목표를 달성하는 데 가장 강력한 지렛대다.

우리는 투자자의 재무 목표를 고려해 적합한 포지션의 크기를 산정하는데, 적합한 포지션의 크기는 투자자마다 다르다. 위험 감내 수준과 수익 목표가 저마다 다르기 때문이다. 어떤 투자자는 매우 보수적이고, 어떤 투자자는 큰 손실도 감내할 수 있다.

모든 시스템은 당신이 만든 원칙으로 구성된 투자 엔진을 장착하고 있다. 여기에서 포지션 크기를 조정함으로써 수익을 완전히 변화시킬 수 있다. 예를 들어 낮은 위험의 포지션 크기 전략으로 바꾼다면, 수익률은 많이 낮아지겠지만 하락장에서 손실률 또한 낮아진다.

좀더 공격적으로 투자해 높은 수익을 얻고 싶다면 동일한 매매 전략에서 포지션 크기를 조정해 이 목표를 달성할 수 있다.

〈표 5-1〉은 매매 전략은 동일한데 포지션 크기를 달리한 두 전

략의 투자 결과를 보여준다.

표 5-1 › 포지션 크기가 투자 결과에 미치는 영향

	잔고 (달러)	연복리수익률 (%)	최대 손실폭 (%)	MAR
매우 보수적인 포지션 크기	3,166,436.78	15.11	25.30	0.6
공격적인 포지션 크기	72,555,715.52	30.77	56.10	0.55

포지션의 크기를 어떻게 결정하는지 설명한 후에 좀더 많은 예시를 살펴볼 것이다. 먼저 포지션 크기가 무엇인지부터 알아보자.

시스템이 투자 목표가나 위험 감내 수준에 적합하지 않은 포지션 크기로 설계돼 있더라도, 수익이 계속 발생하면 그 사실을 깨닫지 못한다. 그러다가 손실이 발생하기 시작하면 자신의 실수를 깨닫게 된다.

예를 들어 30달러의 롱 포지션을 취하고 잤는데 자고 일어나니 15달러로 하락했다고 하자. 50%의 손실이다. 특정 포지션에서 발생한 손실은 전체 자산의 수익률에 영향을 준다. 자산 배분을 할 때는 이를 고려하여 결정해야 한다. 너무 공격적인 포지션 크기는 스트레스성 위장병의 원인이 된다. 50%의 손실을 본 포지션이 전체 자산에서 10%를 차지한다면 전체 자산의 손실은 5%(0.1 × 0.5 × 100)이지만, 그 포지션이 전체 자산에서 5%를 차지한다면 전체 자산의 손실은 2.5%(0.05 × 0.5 × 100)가 된다.

손실이 발생할 상황에 대해 사전에 주의 깊게 생각해보지 않았다면, 감당할 수 있는 것보다 훨씬 큰 손실에 직면하게 된다. 손실로 인해 갑자기 굉장히 불편해지고, 이 불편함 때문에 투자 시스템을 일관성 있게 유지하기 힘들어진다. 자신의 매매 원칙이 뭔가 이상하다고 생각하게 되고, 여기에 공포가 개입하기 때문에 투자에 대해 의문을 가지기 시작한다. 물론 두려움을 느낀다면, 그 지점의 매매 원칙에 문제가 있다는 뜻이다. 이 사례에서 문제는 포지션 크기가 잘못 설정됐고, 그로 인해 감당할 수 있는 위험보다 더 큰 위험에 노출됐다는 것이다.

포지션 크기가 투자에 어떤 영향을 주는지 정확히 이해하는 투자자는 대부분 포지션 크기를 좀더 보수적으로 설정한다. 그러면 연복리수익률이 낮아지지만, 손실 역시 더 마음 편히 감당할 수 있는 수준으로 낮아지기 때문이다.

포지션 크기 전략

각 시스템에서 우리는 과거 변동성을 살펴봄과 동시에 미래 변동성이 과거와는 다를 수 있음을 확실히 인지해야 한다. 이런 전제하에 포지션 크기를 다음 두 가지 방법으로 조정한다.

총자산 대비 금액 비율

각 포지션의 금액이 총자산에서 차지하는 비율로 포지션 크기를 조정하는 방법이다. 예를 들어 최대 10개 포지션을 취한다면 포지션별로 총자산의 10%씩을 분배하는 것이다. 간단하기는 하지만 위험이나 변동성은 고려하지 않는 방법이다.

✅ 총자산 대비 위험 비율

사전에 총자산의 위험 비율을 정하고 각각의 거래에 허용되는 위험을 배분하는 방법이다. 여기서 위험은 '시장 진입 가격에서 손절매 가격을 뺀 금액'으로 정의할 수 있다. 각 거래에서는 허용된 위험만큼 손실이 발생하면 손절매한다. 사전에 설정한 위험 수준만큼 손실이 발생해 포지션을 청산하면, 전체 자산의 손실을 일정 비율로 제한할 수 있다(물론 수수료와 부대비용 때문에 실제로는 손실이 조금 더 발생한다). 이는 포지션 크기를 결정하는 알고리즘을 만들 때 변동성을 반영하는 방법이다.

이 방법을 사용하면 각 주식의 변동성을 개별적으로 다루고, 서로 다른 주식 간에 동일한 금액 가치의 위험도를 부여할 수 있다. 주식별 위험을 반영해 포지션 크기를 정할 수도 있다. 즉, 변동성이 낮은 주식으로 구성된 포지션은 변동성이 높은 주식으로 구성된 포지션보다 자산을 더 많이 배분할 수 있다.

포지션 크기 전략의 활용 예

나는 포지션에 자산을 배분할 때 앞서의 두 방식을 통합해 사용한다. 총자산 대비 위험 비율 방식을 사용하면 총자산 대비 금액 비율 방식을 사용할 때보다 낮은 변동성의 주식을 포지션에 더 많이 편입할 수 있다. 다만, 30달러에 매수한 주식이 다음 날 시가에 15달러로 폭락하는 가격 충격은 언제든 발생할 여지가 있다.

총자산 대비 위험 비율 방식이 어떻게 작용하는지 다음 예시를 통해 알아보자.

- 주가: 30달러
- ATR●: 2달러
- 손절매 기준: 2ATR
- 손절매 가격: 26달러(30달러-2달러 × 2ATR)
- 거래별 위험 비율: 2%

이 예시는 각 포지션이 총자산 대비 2%의 위험을 보유한다는 뜻이다.

계산하는 과정은 다음과 같다.

● Average True Range. 시장의 변동성을 측정하는 기술적 분석 지표로, '실제 가격 변동폭의 평균값'이라는 의미다.

- 자산: 10만 달러
- 거래별 위험: 2%
- 포지션별 위험 부담 금액: 2,000달러(10만 달러 × 2%)

앞서 말했듯이, 위험은 '시장 진입 가격에서 손절매 가격을 뺀 금액'이다. 진입 가격이 30달러, 손절매 가격이 26달러라면, 1주당 부담하는 위험은 4달러가 된다. 이제부터 이상적인 포지션을 어떻게 계산하는지 살펴보자.

- 총 위험 부담 금액 ÷ 주당 위험 부담 금액 = 포지션 크기*

따라서 예시에서는 포지션 크기가 총 500주가 된다(2,000달러 ÷ 4달러). 이처럼 포지션 크기를 조정함으로써 포지션별로 총자산 대비 몇 퍼센트의 손실이 발생하는지 정확하게 알 수 있다.

그러나 우리는 개별 거래의 위험만을 정했을 뿐 아직까지 전체 포지션 크기를 정하지 못했다. 앞의 예시에서 매수가가 30달러이고 손절매가가 26달러인데, 밤사이 새로운 뉴스로 인해 다음 날 장이 24달러로 시작됐다고 해보자. 시가가 24달러라면 설정한 손절매는 무의미하고, 이미 엄청난 손실을 입은 상황이다. 그러므로 미리 계획한 손절매 이상으로 손실이 발생하더라도 그 위험을 감수할

---

* 달러, 주 등의 단위는 무시하고 숫자로만 계산한다.

수 있을 만한 지점과 포지션의 최대 크기를 반드시 설정해야 한다.

총자산 대비 위험 비율 방식에서는 과거 변동성에 따라 포지션 크기를 결정한다. 변동성에 따른 포지션 크기의 기준을 잡을 때 매우 유용하지만, 과거의 정보만으로는 미래를 정확히 알 수 없다. 이것이 이 방식의 약점이다.

또한 변동성에 따라 손절매 가격이 정해지므로 변동성이 낮을수록 손절매 구간이 작아지고, 손절매 구간이 작을수록 전체 포트폴리오에서 차지하는 비중이 너무 크다 싶을 정도로 포지션 크기가 커진다.

이상의 두 가지 문제점을 해결하고 위험을 적정 수준에서 관리하기 위해 총자산에서 차지하는 각 포지션의 비중에 한계를 설정해야 한다. 백테스트를 할 때 우리는 총자산의 10%를 넘는 개별 포지션은 설정하지 않기로 했다. 앞의 예시에서 정해진 포지션 크기 500주를 바탕으로 계산해보자.

- 500주 × 30달러 = 1만 5,000달러 또는 총자산의 15%

총자산에서 차지하는 비율을 다양하게 계산해보면서 너무 큰 포지션을 취하지 않도록 조정하는 것이 좋다. 최대치는 총자산의 10%다.

- 총자산 × 총자산 대비 포지션별 비율 = 포지션별 자산

- 포지션별 자산 ÷ 주가 = 포지션의 주식 수

포지션의 최종 크기는 다음과 같다.

- 10만 달러 × 10% = 1만 달러
- 1만 달러 ÷ 30달러 = 333주

이 책에서 언급하는 모든 시스템에는 시스템별로 최대 10개의 포지션이 설정되어 있고, 투자 자산을 최대 100%까지 분배할 수 있도록 되어 있다. 그렇게 한 이유는 다음과 같다.

'어느 날 시스템이 10종류의 주식을 매수하라고 조언했지만, 3종류의 주식 계약만 체결된다. 다음 날 또 다른 10종류의 주식 매수 신호가 뜬다.'

만약 시스템당 포지션의 수를 10개로 한정하지 않았고 두 번째 날 10종류의 신규 주문이 전부 체결됐다면, 시스템에는 13개의 포지션이 존재하게 된다. 포지션을 한정하지 않는 한 이런 상황은 반복될 수 있으며, 자칫하면 마진콜이 발생할 수도 있다.

포지션 크기를 조정함으로써
위험을 관리할 수 있다

포지션 크기를 조정하는 것은 엄청나게 중요하다. 투자 목표를 달성하기 위해 위험을 관리하는 데 필수적이기 때문이다. 따라서 투자를 시작하기 전에 포지션 크기에 대해 반드시 생각해봐야 한다. 이때는 자신이 감수할 수 있는 위험의 정도를 반드시 고려해야 한다. 사람들은 멋진 전략을 가지고 투자에 뛰어들지만, 오래지 않아 예상했거나 준비했던 것보다 더 큰 손실을 입게 된다. 그때부터는 더는 이성적으로 투자하지 못한다.

너무 공격적인 포지션 크기는 투자자가 시스템의 개념적인 타당성과 유효성보다는 발생한 손실의 크기에 기반해서 시스템을 판단하도록 호도한다.

기본적으로 투자 목표가 명확하지 않으면 잘못된 포지션 크기를 설정하게 돼 엄청난 손실을 초래할 수 있다. 포지션에서 발생하는 손실을 감내할 감정적인 준비가 되어 있지 않으면 상당히 괜찮은 시스템을 구축하고서도 수익을 얻기 힘들 수 있다.

포지션 크기에 따른 투자 성과의 차이

추세추종 시스템 중 하나인 하이 모멘텀 롱 시스템Long High Momentum System을 예로 들어보겠다. 모든 시스템에 동일하게 2% 위험, 총자산 대비 최대 10% 포지션이라는 규격화된 포지션 크기를 적용했다. 알고리즘의 변화에 따라 그 결괏값이 얼마나 다양하게 나오는지 〈표 5-2〉에서 확인할 수 있다.

완전히 동일한 매매 결정하에서 최대 손실폭 15.10%에 8.59%의 연복리수익률부터, 최대 손실폭 56.10%에 연복리수익률 30.77%까지 수많은 결과가 도출된다(뒤로 갈수록 공격적이며, 투기 거래 성격이 강해진다).

표 5-2 › 포지션의 결괏값 변화: 총자산 대비 위험 비율 vs 총자산 대비 금액 비율

총자산 대비 위험 비율 (%)	총자산 대비 금액 비율 (%)	잔고 (달러)	연복리 수익률 (%)	자산의 최대 손실폭 (%)	MAR
0.50	10	756,115.79	8.59	15.10	0.57
0.75	10	1,698,642.16	12.23	19.70	0.62
1.00	10	3,166,436.78	15.11	25.30	0.60
1.25	10	5,053,661.46	17.32	30.50	0.57
1.50	10	7,542,769.29	19.25	34.90	0.55
1.75	10	10,868,072.73	21.04	38.70	0.54
2.00	10	14,660,643.97	22.52	42.10	0.53
2.25	10	18,440,243.45	23.67	45.20	0.52
2.50	10	21,718,577.33	24.50	48.20	0.51
2.75	10	24,585,004.33	25.13	51.10	0.49
3.00	10	25,823,065.57	25.38	53.60	0.47
0.50	15	757,457.29	8.60	15.10	0.57
0.75	15	1,716,187.58	12.27	19.70	0.62
1.00	15	3,544,090.87	15.64	25.40	0.62
1.25	15	6,528,640.11	18.55	30.60	0.61
1.50	15	10,944,375.72	21.07	35.40	0.60
1.75	15	16,402,708.10	23.08	39.90	0.58
2.00	15	23,600,768.76	24.92	43.90	0.57
2.25	15	32,420,452.68	26.55	47.40	0.56
2.50	15	43,766,772.63	28.10	50.50	0.56
2.75	15	57,703,878.22	29.55	53.50	0.55
3.00	15	72,555,715.52	30.77	56.10	0.55

6장

모든 투자 시스템에 적용되는 12가지 요소를 기억하라

종류와 관계없이 모든 시스템에는 다음의 구성 요소가 반드시 포함되어야 한다.

1. 목표
2. 믿음
3. 투자 대상
4. 필터
5. 설정
6. 순위
7. 시장 진입
8. 손절매
9. 시장 재진입
10. 수익 보호
11. 차익 실현
12. 포지션 크기

각각의 요소를 구체적으로 살펴보자.

1. 목표

모든 투자 시스템의 첫 번째 구성 요소는 4장에서 논의한 당신 자신의 목표다. 자신의 목표에 대해 시간을 들여 깊이 생각해본 다음, 종이에 써보기를 권한다.

2. 믿음

시스템이 돈을 벌어줄 것이라는 확신이 있어야 시스템을 이용해 매매를 할 수 있다. 따라서 시스템에는 반드시 핵심적인 믿음이 있어야 한다. 투자 시스템은 개념적 타당성을 바탕으로 작동하는데, 그 이면에 존재하는 사고의 프로세스가 무엇인지를 알아야 한다는 뜻이다. 확실한 상승 추세일 때 주식을 매수하고, 추격 역지정가 주문을 설정하고, 추세가 꺾일 때까지 현재 포지션을 유지한다고 스스로 믿는 것이 자기 믿음의 한 예다. 이것은 가격 변동에 대한 믿음이다.

투자를 하다 보면 워런 버핏과 같은 주식을 매수할 수도 있을 것이다. 하지만 여기에는 커다란 차이가 있다. 버핏의 믿음은 특정 기업의 주가는 우수한 경영진을 보유하거나 회사가 새로운 시장에 진출해 이익을 증대시키는 것과 같은 펀더멘털에 기반해 움직인다는 것이다. 반면에 우리 투자 시스템에서는 펀더멘털에 전혀 주의를 기울이지 않고 주가의 움직임만 중시한다. 나는 때때로 내가 투자한 회사의 종목 코드조차 모를 때도 있다.

나의 또 다른 믿음은 최근 4일 동안 엄청나게 하락한 주식이 있으면, 그 주식은 평균 이상의 통계적인 확률로 평균으로 회귀한다는 것이다. 반대의 상황도 마찬가지다. 최근 단기간에 가파르게 상승한 주식이 있으면 나는 그 주식의 가격이 평균으로 회귀할 것이라는 믿음을 바탕으로 숏 매매를 한다. 다시 한번 말하지만 이런 믿음들은 기업의 펀더멘털이 아니라 가격의 움직임에 근거한다. 나는 이런 믿음을 나 자신의 투자 시스템을 개발하는 데 매매 원칙의 일부로 활용하고 있다.

믿음 vs 백테스팅

당신의 믿음(그리고 다른 11개의 구성 요소들)은 당신이 백테스트한 알고리즘과 같은 것임을 기억해야 한다. 당신은 자신의 믿음이 적어도 과거의 상황에 대해서는 강점이 있다는 통계적 증거를 확보하게 될 것이다. 자신의 투자 시스템에서 어떤 강점도 찾지 못했다면, 투자 성과를 다시 살펴보고 당신의 믿음과 시스템을 개선해야 한다. 믿음과 백테스트 결과는 서로를 성장시킨다.

3. 투자 대상

어디에 투자할 것인가? 예를 들어 주식, 시장지수, ETF 등에 투자할 수 있다. 각 투자 대상은 서로 다른 장단점을 가지고 있다. 어디에 투자할 것인지를 생각할 때는 당신의 시스템, 즉 당신의 믿음을 고려해야 한다.

예를 들어 어떤 사람들은 S&P500에 포함된 기업들이 최고의 기업이고 쓰레기 같은 기업은 제외된다고 생각하기 때문에 S&P500지수를 매수해야 한다는 믿음을 가지고 있다.

한편, 매매를 자주 하는 투자자라면 많은 단기 매매가 필요한 평균회귀 시스템이 양호한 연평균수익을 달성하는 데 도움이 된다고 생각한다. S&P500은 대부분의 경우 투자하기에 충분한 거래량을 제공할 수 없다고 보고, 거래량이 더 많은 투자 대상을 물색한다.

투자 자금이 얼마 없고, 거대 기관 투자자들이 참여하기 전에 차세대 구글, 넷플릭스, 마이크로소프트를 발굴하기를 원하는 투자자들은 특정 지수에 투자하기보다는 미국 주식 시장에 등록된 7,000개 이상의 모든 기업으로 투자 대상을 넓힌다.

자신에게 적합한 투자 대상을 찾는 일은 무척 중요하므로 절대 건너뛰어서는 안 된다.

4. 필터

필터는 질문을 재정의하고 정확한 답을 도출하는 데 도움을 준다. S&P500지수나 주식에 투자하기로 할 경우, 서로의 연관성이 상당히 높기 때문에 종목을 선별하는 일이 매우 복잡해진다.

우선 관심 없는 주식을 선별해낼 방법이 필요하다. 첫 번째 논리적인 선별 방법은 유동성이다. 유동성 필터는 주식의 평균 거래량과 평균 거래 금액을 확인하는 방법이다. 거래량이 어느 정도인 종목에 투자하고 싶은가?

거대 기관 투자자들은 자신들의 기준에 적합한 선별 필터들을 사용한다. 예를 들어 하루 거래량이 100만 주 이하인 주식은 유동성이 부족해 운신의 폭이 매우 좁고 기관 투자자의 강점이 사라지기 때문에 잘 거래하지 않는다. 그에 비해 투자 자금이 500만 달러 미만인 투자자들은 기관 투자자들의 레이더를 피해 매매할 수 있기 때문에 엄청난 강점이 있다. 예를 들어 5만 달러로 투자한다면, 하루에 거래량이 10만 주 정도 되는 주식을 매매하면서 강점을 활용할 수 있다.

또 다른 유용한 선별 기준은 주가다. 다시 한번 강조하지만 기관 투자자들은 원칙을 가지고 있다. 우선 10달러 미만의 소형주는 매매하지 않는다. 이런 소형주는 변동성이 더 큰 경향이 있고, 대부분 훨씬 더 비이성적으로 움직인다. 그래서 주로 단기 매매의 대상이 되는데, 단기 매매는 도박적인 요소가 강해서 기관 투자자가 강점을 활용하기 어렵다.

역으로, 매우 높은 주가도 필터가 된다. 투자 금액이 적다면, 주당 가격이 600~700달러인 주식은 적합한 포지션 크기를 정하기가 어렵다. 위험의 크기가 너무 크거나 너무 작아지기 때문이다. 그래서 매매를 하기가 수월하지 않다.

변동성도 매우 중요한 필터다. 주가의 움직임이 거의 없는 주식에서는 돈을 벌지 못하기 때문에 변동성은 꼭 필요하다. 자신의 안전지대 내에 포지션을 설정하는 한 변동성은 우리의 친구다. 예를 들어 1달러짜리 주식은 30달러짜리 주식과는 완전히 다르게 움직이므로, 주식의 변동성을 감당할 수 있도록 포지션을 적절하게 조정해야 한다. 나는 믿을 수 없을 정도로 변동성이 큰 주식을 매매하지만, 해당 주식의 포지션이 그리 크지 않기 때문에 별로 걱정하지 않는다.

5. 설정

이 단계에서는 주가의 움직임을 측정해 언제 매매할 것인지 결정한다. 주가의 움직임을 측정하는 기술적 지표를 바탕으로 하는 정량적 원칙을 사용하는 단계다.

당신의 믿음을 단순한 알고리즘에 녹이기 위해 기술적 지표들을 선택한다. 예를 들어 상승 추세에서는 주식을 사야 한다는 믿음을 가지고 있다면, 단순이동평균으로 시장을 평가할 수 있다. 종가가 단순이동평균 위에 있다면 현재 시장은 상승 추세다. 이것은 상승 추세에 간단히 적용되는 믿음이다. 단기에 과도하게 하락한 주식을 사야 한다는 믿음이 있다면, 지난 3일 동안 12.5% 하락한 주식을 선택하는 간단한 원칙을 정할 수 있다(이것은 심지어 기술적인 지표도 아니고 단순히 가격 움직임을 그대로 활용한 것이다).

엄청나게 많은 기술적 지표가 있지만, 마법과 같은 지표는 없다는 점을 알아야 한다. 그런 것은 존재하지 않는다. 투자 교육 분야의 사람들은 마법 같은 지표가 필요하다고 계속 얘기한다. 하지만 모든 기술적 지표는 오로지 과거의 주가 움직임만을 측정할 뿐이다. 그것이 기술적 지표가 보여주는 전부다. 기술적 지표는 미래를 예측하지 못한다. 미래에 대해 당신이 확신할 수 있는 단 한 가지는 미래는 또 다른 얘기라는 사실뿐이다. 기술적 지표는 기껏해야 미래의 지표를 제공할 뿐이다.

설정 단계에서 매매하려고 하는 주식과 확인하고 싶은 주가의 역사적인 특징을 정량화한다. 자, 이제부터 좋은 후보 주식들을 살펴보자.

6. 순위

당신의 보유하기를 원하는 포지션보다 훨씬 더 많은 포지션을 구성했을 수도 있다. 그래서 순위를 결정하는 것이 엄청나게 중요하다. 순위는 당신이 감당할 수 있는 포지션의 최대 수보다 훨씬 많은 포지션을 구성했을 때 어떤 것을 먼저 매매할 것인지 결정하는 기준이 된다.

S&P500에 포함된 종목들을 중심으로 추세추종 시스템을 운용하고 있고, 현재 초강세 시장이라고 해보자. 이런 상황이면 많은 주식이 매매 후보가 될 수 있는데, 먼저 100~150개의 매매 후보군을 찾아낸다. 포지션 크기 때문에 오직 10종목만 매매할 수 있다면, 150개 종목 중에 무엇을 살 것인지 선택해야 한다. 이때는 다음 조건에 따라 순위를 결정할 수 있다.

- 변동성
- 가장 강력한 추세
- 가장 과도하게 상승한 종목
- 가장 과도하게 하락한 종목

오직 10종목만 거래할 수 있기 때문에 시스템에 적용되는 순위는 매우 중요하다. 높은 변동성의 주식을 선택하거나 가장 과도하게 상승 또는 하락한 종목을 선택한다면, 그에 따라 종목별 순위가 확연히 달라진다. 이런 상황은 당신을 자신의 믿음으로 다시 돌아가게 한다. 예를 들어 추세추종 시스템을 바탕으로 투자하고 있다면, 해당 추세에서 좋은 성과가 예상되는 주식에 대한 당신의 믿음이 순위를 어떻게 결정해야 하는지 알려줄 것이다.

7. 시장 진입

주가와 상관없이 그 주식을 확실히 매수하기를 원하는가? 그럴 때는 시장가 주문을 내면 된다. 시장가로 매매할 때는 약간의 슬리피지가 발생할 수도 있지만, 장기로 투자할 예정이고 반드시 매수하고 싶다면 슬리피지는 무시하는 것이 좋다.

물론 너무 많은 수수료를 감당하는 건 바람직하지 않다. 따라서 백테스트를 할 때는 시장가 주문에 따른 비용까지 고려해야 한다. 그렇게 하지 않으면 백테스트 결과와 실제 투자의 차이가 커질 것이다.

나는 단기 투자를 할 때는 구체적인 가격을 명시한 지정가 주문을 선호한다. 20달러 지정가 주문을 했는데 시장가가 20.15달러라면 주문은 체결되지 않는다. 단기 투자는 더 작은 수익을 예상하기 때문에 싼 가격으로 매수하지 못하면 시스템의 강점이 퇴색된다. 따라서 내가 원하는 가격이 아니면 주문이 체결되지 않아도 괜찮다고 생각한다.

8. 손절매

손절매는 주가가 예상한 대로 움직이지 않거나 투자 자금을 보호하려고 할 때 주식을 매도하는 것을 말한다. 매수 전에 매도 기준을 정해두는 것은 매우 중요하다. 그렇게 하면 발생할 수 있는 최대 손실을 미리 알 수 있다. 투자가 생각대로 진행되지 않으면 손절매 후 다른 기회를 찾으면 된다.

앞서 살펴본 것처럼, 손절매는 위험을 제한하기 위해 꼭 필요하다. 10% 하락 시를 기준으로 추격 역지정가 주문을 설정해서 주식이 매도됐는데, 주가가 30% 하락해 당일 장이 마감됐다면 손절매를 한 자신이 매우 뿌듯할 것이다.

추격 역지정가 주문을 설정하지 않은 경우라면?

어떤 투자자들은 추격 역지정가 주문 기능을 사용하지 않으면 시스템의 백테스트 결과가 훨씬 더 우수하게 나온다고 말한다. 이론적으로는 그 말이 맞을지 모르지만, 손절매를 설정하지 않으면 투자금을 몽땅 날릴 수도 있다. 손절매 없이는 투자금을 보호할 방법이 없다. 손절매 없이 더 큰 수익이 가능하더라도 심리적으로 과연 그럴 수 있을까? 백테스트에서는 더 좋은 성과가 나왔다고 하더라도 미래는 또 다른 얘기라는 것을 명심해야 한다. 과거에 발생하지 않았던 일이 미래에는 얼마든지 발생할 수 있다.

추격 역지정가 주문은 매매 노이즈 범위 밖에 설정해야 한다. 주가는 노이즈 때문에 제한된 범위 내에서 매일매일 등락을 거듭한다. 손절매 지점을 매수 가격과 너무 가깝게 잡으면 중요한 주가 변동이 아닌 비교적 사소한 움직임 때문에 매도 주문이 실행될 수 있다. 손절매 지점을 매수 가격과 너무 가깝게 설정한 나머지 사소한 하락에 물량을 뺏기고, 주가가 재차 상승하는 동안 손가락만 빨고 있는 투자자를 나는 너무나도 많이 봤다.

9. 시장 재진입

손절매를 했거나 차익을 실현한 다음 날 시스템이 다시 주식을 사라고 한다면 어떻게 할 것인가? 이것은 심리적으로 결정하기 힘든 도전이지만, 내 시스템을 통해 검증해보고 그 신호에 따라 재매수해야 한다는 결론을 얻었다. 어제 일어난 일은 오늘 일어날 일에 전혀 영향을 주지 않는다. 그래서 시스템이 매우 좋은 거래이니 매수해야 한다고 말하면 나는 그 조언을 그대로 따른다. 이 책에서 소개하는 모든 시스템은 재매수가 가능하도록 설정되어 있다.

10. 수익 보호

수익 보호는 주가가 더 오를 것으로 예상해 여전히 주식을 보유하더라도, 수익 중 적어도 일부분은 보호하는 것이다. 추세추종 롱 시스템에서 추격 역지정가 주문은 상승하는 주가를 따라가는데, 이것이 수익 보호의 한 형태다. 손절매가 노이즈 범위 밖에 설정되어 있기 때문에, 장기 추세가 전환되면 지금까지의 수익 중 일부를 반납하고 시장에서 빠져나오게 된다. 이 방법은 포지션이 추세추종 롱이든 추세추종 숏이든 관계없이 적용된다.

앞서 언급했듯이, 손절매는 충분한 여유를 두고 설정하려고 노력해야 한다. 추세추종 시스템에서 최고가 대비 15~25% 지점에 추격 역지정가 주문을 설정하는 것이 일반적이다. 그렇게 하지 않으면 상승 추세에서 10~15% 조정을 받은 후 재차 상승할 때 큰 수익의 기회를 놓칠 수 있다(추적 역지정가 주문은 처음 주식을 매수했을 때 설정해놓은 손절매와 병행하여 설정할 수 있다).

평균회귀 시스템은 목표 수익 달성, 시간 기준 매도 시기 도달, 손절매 등의 이유로 단기간에 매도를 하기 때문에 수익 보호 시스템이 없다.

11. 차익 실현

단기 평균회귀 시스템에서 사용하는 방법인데, 목표 수익을 설정하고 그 수익에 도달하면 매도한다. 20달러에 매수하고 5%의 목표 수익을 설정했다면, 주가가 21달러가 됐을 때 매도하는 방법이다. 나는 목표 수익을 설정할 때 보유 기간도 함께 지정한다. 단기 매매에서는 대체로 2~3일 정도로 설정하고, 보유 기간이 지나면 주가가 어떻게 움직였는지와 관계없이 매도한다. 주식이 평균으로 빨리 회귀하면 수익을 실현하고, 시장이 예상과 반대로 움직이면 손절매하고, 목표 보유 기간이 다 되면 매도하고 다음 기회를 찾는다. 초단기로 매매할 때도 수익이 났든 손실을 봤든, 정해둔 기간이 지나면 매도한다. 이처럼 보유 기간을 지정하면 매도 결정을 하는 데 도움이 된다.

무작위 투자보다 더 높은 수익을 확보할 수 있는 일관되고 의미 있는 강점을 보유하고 있고, 평균적으로 승률이 높아 손실보다 수익이 더 많다면 당신은 아주 좋은 시스템을 보유하고 있는 것이다.

12. 포지션 크기

포지션 크기는 모든 투자 시스템의 12가지 구성 요소 중 가장 마지막 열쇠다. 책을 순서대로 읽지 않아 5장을 건너뛰었다면 지금이 바로 5장을 읽을 시간이다. 포지션 크기는 위험 목표와 수익 목표를 달성하는 데 엄청나게 중요하다.

7장

멀리 투자 시스템으로 위험을 조정하라: 시스템 1, 2, 3

이번 장에서는 앞서와 마찬가지로 S&P500을 벤치마킹 대상으로 활용해 우리가 설계한 멀티 투자 시스템의 강력함을 평가할 것이다.

표 7-1 › S&P500의 성과(1995~2019)

1995년 1월 2일 ~ 2019년 7월 24일	SPY
연평균 수익률	8.02%
최대 손실폭	56.47%
최장 하락 기간	86.1개월
연간 변동성	18.67%
샤프	0.43
MAR	0.14
총수익률	**562.51%**

〈표 7-1〉에서 볼 수 있듯이, S&P500지수를 추종하는 지수인 SPY를 매수 후 보유하는 전략은 실제로 돈을 벌어주었다. 1995년 1월부터 2019년 7월까지 8%의 연평균 수익률을 기록했다. 그러나

연복리 8%의 수익을 획득하기 위해 56%의 최대 손실폭을 감내해야 했다. 달리 말하면, 하락 기간에 평가손실이 50%를 넘은 적이 있었다는 얘기다. 게다가 최장 하락 기간이 86개월로, 무려 7년이 넘는다.

하지만 멀티 투자 시스템은 시장이 급락하는 상황에서도 자기 역할을 충실히 해낸다. 즉, 최대 손실폭이 SPY보다 작다. 어떤 종목도 최고점에서 최저점으로 무기한 급락하지 않는다. 그러나 S&P500은 백테스팅 기간의 93%에 해당할 만큼 오랫동안 계속 하락하기도 했다. 즉, 특정 구간에서 1일 상승하고 9일 내내 하락한 셈이다. 그래서 우리는 이를 벤치마킹 대상으로 활용한다.

역사를 기억하고, 모든 장세에 대비해야 한다

앞의 내용을 좀더 살펴보자. 그 누가 7년 동안 계속 손실이 발생하는 것을 좋아하겠는가. 사람들은 이 사실을 망각한다. 당신이 이 사실을 제대로 이해하면 투자자로서 엄청난 강점을 보유할 수 있기 때문에 다시 한번 강조한다.

많은 사람은 이 문제에 대해 강력한 최신 편향[●]을 보인다. 2008

● recency bias. 과거 자료나 경험보다 최근에 접한 자료나 경험을 더 중시하는 경향

년에 발생한 시장 붕괴가 회복되는 데 6년이 걸렸다는 사실을 잊어버린 것이다. 대부분 사람은 최근 몇 년간의 일만 기억한다. 그렇지만 닷컴 버블 붕괴 이후 시장이 엄청나게 안 좋았을 때 어떤 일이 있었는지 기억하는 것은 정말로 중요하다. 닷컴주들이 몰려 있던 나스닥은 당시 74% 하락했다. 만약 그때 나스닥에 투자했다면, 투자금은 반 토막을 넘어 4분의 1로 줄어들었을 것이다.

S&P500도 크게 다르지 않다. 2000년 고점에서 S&P500을 매수해 보유했다면 13년이 지나서야 본전을 찾았을 것이다. 2008년에 투자를 시작한 경우 역시, 2000년 나스닥과 마찬가지로 공포의 하락장을 겪었을 것이다.

손실이 13년간 계속된다면, 누가 이런 상황을 감당할 수 있을까? 투자 자문가를 고용했다면 그에게 지급한 보수 때문에 상황은 더 나빠졌을 것이다. 심지어 그 기간에 투자금이 반 토막 난 경우가 두 번이나 됐다. 이런 상황은 8%의 연복리수익률을 얻기 위해 감내하기엔 너무나도 큰 고통이다.

> 2009년부터 시작된 상승장은 훌륭했고,
> 사람들은 이 좋은 시절만 기억하려는 경향이 있다.
> 하지만 역사를 기억하고,
> 모든 장세에 대비할 수 있는 시스템을 구축해야 한다.

이번 장에서는 이 책에서 언급할 7개의 멀티 투자 시스템 중 3개를 소개하고자 한다. 각 시스템이 어떻게 독립적으로 작동하고, 또 어떤 식으로 서로 협업하는지 설명할 것이다. 개별 시스템의 구성 요소를 바탕으로 운용한 백테스트 결과도 보여주겠다.

이번 장부터 설명할 7개의 투자 시스템에서 '투자 대상, 재매수, 포지션 크기'라는 세 가지 요소는 모두 동일하게 적용했다. 이렇게 한 이유는 다양한 시스템의 성과를 좀더 쉽게 비교하기 위해서다. 특히 포지션 크기에 대해 이야기하자면, 시스템별로 최대 포지션 수를 한 번에 10개, 포지션별 최대 자산 배분을 10%로 제한했다.

시스템 1: 트렌드 하이 모멘텀 롱 (Long Trend High Momentum)

● **목표**

- 큰 모멘텀을 가진 추세를 탄 주식을 매수한다. 시장이 상승할 때 성장주와 인기 높은 주식을 사들인다. 시황이 유리할 때 매수하고 유동성 높은 주식만 고려한다. 장기로 봤을 때 거래량이 많은 것을 선호하는데, 시간이 지나면 거래량이 감소할 수 있고 유동성이라는 쿠션이 있어야 매도 시 시장에서 발을 쉽게 뺄 수 있기 때문이다.
- 이 시스템에서 나는 추세가 단순한 방식으로 상승하는 주식을 찾는다. 또한 변동성이 더 큰 주식들에 우선순위를 둔다.

- 나는 선별한 종목을 확실히 매수하기를 원한다. 롱 포지션이기 때문에 슬리피지를 기꺼이 감수할 의향이 있으며, 백테스트를 할 때도 슬리피지를 반영한다.

- **믿음**: 과거 정보를 테스트했을 때 상승 추세에서 모멘텀을 가진 주식을 사면 지속적으로 수익이 발생했다. 수익을 보호하기 위해 추격 역지정가 주문을 설정한다.
- **투자 대상**: 뉴욕증권거래소NYSE, 나스닥NASDAQ, 아멕스AMEX에 등록된 모든 주식
- **필터**
  - 직전 20일 기준 일평균 거래 금액이 5,000만 달러를 초과해야 한다.
  - 최소 주가 5달러. 5달러 미만의 주식은 변동성이 너무 심해 투자하지 않는다. 그러나 5~10달러의 주식은 기관 투자자들이 참여하지 않기 때문에 투자 가치가 있다고 생각한다.
- **설정**
  - S&P500 종가가 100일 단순이동평균선 위에 있어야 한다. 이것은 전체 지표의 추세를 나타낸다.
  - 25일 단순이동평균의 종가가 50일 단순이동평균의 종가보다 높아야 한다.
- **순위**: 허용되는 포지션 크기보다 더 많은 포지션을 보유한 경우, 최근 200거래일 동안 가장 높은 변동률 순으로 순위를 부여한다. 이는 최근 200거래일 동안 가장 높은 주가 상승률을 보였음을 의

미한다. 또한 사람들이 CNBC 화면에서 명확히 볼 수 있는 주식에 투자하는 것이기도 하다. 주식이 계속 상승할 것으로 예측하는 대중의 기대에 편승하는 방법이다.

- **시장 진입**: 매수 주문은 시장가 주문이다. 장기 투자의 경우 슬리피지는 신경 쓰지 않으며 해당 주식을 반드시 매수하는 데 중점을 둔다.
- **손절매**: 매수 당일, 체결 가격을 기준으로 직전 20일 ATR의 5배 위의 지점에 추격 역지정가 주문을 설정한다. 이렇게 하면 일상적인 노이즈를 배제하고 여유롭게 매매할 수 있다.
- **시장 재진입**: 손절매를 했다고 하더라도 다음 날에 매수 신호가 또 발생하면 재매수한다.
- **수익 보호**: 25%의 추격 역지정가 주문을 최초 설정한 손절매와 함께 사용한다. 결과적으로 주가가 상승하면 추격 역지정가 주문 가격이 최초 손절매 가격보다 위로 이동한다.
- **차익 실현**: 목표 수익이 없고, 최대한 상승할 때까지 계속 보유한다.
- **포지션 크기**: 최대 10개 포지션. 포지션별 총자산 대비 2%의 위험, 총자산 대비 최대 10% 자산 배분

표 7-2 › 트렌드 하이 모멘텀 롱 시스템의 성과

1995년 1월 2일 ~2019년 7월 24일	투자 시스템
연복리수익률	22.52%
최대 손실폭	42.14%
연간 변동성	22.70%
샤프	0.99
MAR	0.53
승률	45.66%
승/패	3.24
평균 보유 일수	213.02
총수익률	**14,560.64%**

22.52%의 연복리수익률에서 볼 수 있듯이 이 시스템 하나만으로도 8%인 S&P의 연평균 수익률보다 3배 가까운 수익이 발생한다. 다만 최대 손실폭이 42%로, S&P500보다는 낫지만 여전히 너무 높은 수준이다. 45% 승률은 일반적으로 50% 이하의 승률을 보이는 장기 추세추종 시스템의 평균 범위에 속한다. 승/패 비율은 이 시스템이 돈을 어떻게 버는지 보여준다. 승/패 비율이 3.24라는 건 수익 발생 매매 평균이 손실 발생 매매 평균보다 3.24배 크다는 뜻으로, 평균적으로 손실이 1이라면 수익은 3.24임을 나타낸다.

이 시스템의 강점은 돈 안 되는 주식은 날려버리고 돈 되는 종목만 남겨서 평균 213일 동안 보유한 것이다. 213일의 평균 보유일은 상당히 오랜 기간인데, 종목 회전율이 굉장히 낮은 시스템임을 보여준다. 장기 추세추종 시스템에서는 일반적으로 평균 보유일이 길면 길수록 수익을 내는 종목을 더 오래 보유한다는 의미이기 때문에 성과 또한 훨씬 낫다.

S&P의 변동성이 18%였던 데 비해 이 시스템에서는 22.7%로 나타났는데, 이는 이 시스템의 성과 변동성이 훨씬 크다는 의미다.

그 밖에 많은 투자자가 샤프지수와 MAR을 사용하는 것을 선호하고, 이 지표들을 통해 여러 시스템을 빠르게 비교할 수 있기 때문에 샤프지수와 MAR도 백테스팅 요소에 포함했다.

그림 7-1 › 트렌드 하이 모멘텀 롱 시스템의 수익곡선

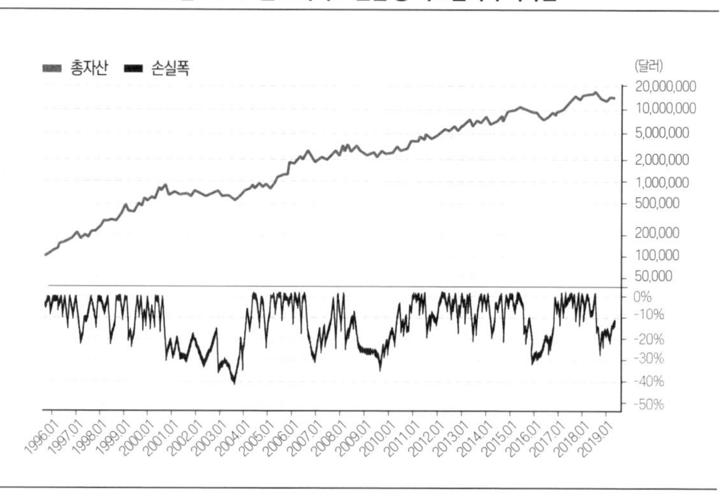

<그림 7-1>은 우리가 설계한 트렌드 하이 모멘텀 롱 시스템에서 1995년 1월에 10만 달러로 투자를 시작한다면 시간이 지남에 따라 총자산이 어떻게 변화하는지 보여준다. 이것은 추세추종의 전형적인 성과다. 추세추종 롱 시스템은 약세장과 횡보장에서 손실을 본다. 약세장과 횡보장에서 수익을 내는 것은 불가능하며 돈을 조

금씩 잃기 시작한다. 게다가 S&P500지수가 100일 단순이동평균 아래에 있는 시기에는 어떤 포지션 설정도 할 수 없기 때문에 신규 매매도 발생하지 않는다. 이럴 때는 사태를 관망하면서 손실을 회복하는 데 오랜 시간이 걸리리라는 점을 생각해야 한다.

추세가 없으면 포지션 설정도 없는데, 이것은 추세추종 시스템의 가장 큰 약점 중 하나인 동시에 강점이기도 하다. 시스템상에서 우리 쪽에 승산이 더 있다는 신호를 줄 때 롱 포지션으로 매매할 수 있기 때문이다.

이 시스템은 이론상으로는 상당한 연복리수익률을 올리기 때문에 아주 멋져 보이지만, 실제 투자에서는 실행하기 어려울 수 있다. 누군가는 차트를 보고 '나는 22.5%의 연복리수익률을 획득하기 위해 42%의 하락을 감내할 수 있어'라고 생각할지도 모른다. 하지만 실제로 그렇게 할 수 있을지는 의문이다. 예를 들어 닷컴 버블 당시 하락이 시작된 2000년 3월에 투자를 시작한 사람이 있다고 해보자. 그는 하락하는 시장에서 5년을 버텨야 했을 것이다. 하지만 대다수는 이런 고통을 이겨내지 못한다.

이 시스템은 그 자체로도 S&P500 또는 워런 버핏의 펀드보다 훨씬 더 우수하지만, 상관관계가 없는 다른 투자 시스템과 통합하면 놀라운 효과를 낸다. 이 시스템은 우리가 추구하는 멀티 투자 시스템 구축의 시작점에 불과하다.

시스템 2: 평균회귀 단일 숏
(Mean Reversion Short Single)

- **목표**
  - 시장이 하락할 때 위험을 회피하기 위해 숏으로 진입한다.
  - 롱 포지션에서 손실이 발생하기 시작하면, 이 시스템이 그 손실을 만회한다.
  - 시장 하락을 방어하기 위해 장기 추세추종 롱 시스템과 함께 사용하면 찰떡궁합이다.
- **믿음**: 어떤 종목에 엄청난 탐욕이 생성될 때가 그 주식을 공매도할 타이밍이다. 이런 주식을 공매도했을 때, 며칠 뒤 그 주식을 더 낮은 가격으로 환매할 수 있는 확률이 무작위로 매매할 때보다 통계적으로 훨씬 높다. 이것이 이 시스템의 한결같은 강점이다.
- **투자 대상**: 뉴욕증권거래소, 나스닥, 아멕스에 등록된 모든 주식. 조건에 부합하는 주식을 가능한 한 많이 찾는다. 작은 이익의 초단기 매매를 위한 시스템이기 때문에 매매 횟수를 늘릴 필요가 있다. 더 많이 매매할수록 연복리수익률이 높아진다.
- **필터**
  - 최소 주가 5달러. 5달러 미만의 초저가 주식은 밤사이 주가가 요동칠 수 있기 때문에 선호하지 않는다.
  - 평균 거래 금액은 최근 20일 동안 2,500만 달러보다 커야 한다. 주식을 매도하려고 할 때 쉽게 매도할 수 있을 만큼 거래

량이 많아야 하기 때문이다. 거래량이 충분하지 않으면 매도 주문이 성사되지 않을 수 있다.

  - 지난 10일 동안 ATR은 주식 종가의 13% 이상이어야 한다. 종가의 백분율로 ATR을 측정해 모든 종목을 동일하게 취급해 변동성을 산정한다.

- **설정**
  - 3일 RSI[•]는 90 이상이어야 한다. 이것은 해당 주식에 대한 큰 수요와 모멘텀, 달리 표현하면 '엄청난 탐욕'이 존재함을 보여준다.
  - 최근 2일간 종가는 직전일 종가보다 높아야 한다. 매일매일 직전 거래일보다 더 높은 종가로 장이 마감되면 해당 주식을 매도하려는 군중심리가 방지된다.
- **순위**: 7일 ADX[••]가 가장 높은 순. 대부분의 경우 높은 ADX는 역추세의 좋은 지표다.
- **시장 진입**: 다음 날 전일 종가보다 4% 높은 가격으로 공매도한다. 이익을 감소시킬 수 있는 슬리피지를 부담하지 않기 위해 지정가로 주문한다. 전일 종가의 4%보다 높은 가격으로 공매도에 성공하면 당일의 탐욕이 더 커졌다는 의미이므로 포지션을 추가할 수

• Relative Strength Index. 상대강도지수. 일정 기간의 상승폭과 하락폭을 비교하여 과매수, 과매도를 측정하는 지표다.

•• Average Directional Movement Indicator. 평균 이동 방향 지표로, 추세 신뢰도를 평가하는 데 사용된다. 금일 주가 움직임의 범위를 전일과 비교해 매수세가 강한지 매도세가 강한지를 추정한다. 예를 들어 금일의 고가가 전일의 고가를 뛰어넘었다면 매수세가 강하다고 볼 수 있다.

있다.

- **손절매**: 매수 당일, 체결 가격을 기준으로 최근 10일간 ATR의 3배 위 지점에 매수 역지정가 주문•을 설정한다. 큰 범위의 손절매이지만 이것이 바로 평균회귀의 핵심이다. 주가가 계속 상승하면, ATR의 3배 지점에서 환매하는 것으로 포지션을 정리한다.

  과도한 손실회피 성향 탓에 전문 투자자를 포함하여 많은 투자자가 손절매 가격을 너무 가까이 설정하곤 한다. 이것은 시스템의 강점을 망치고 수익을 저하시킨다. 우리는 시장이 선호하는 주식에 투자하고 있고, 이 주식을 공매도했을 때 주가가 평균으로 회귀할 것인지 예측하기 어렵다. 주가가 상승으로 방향을 틀 수도 있다. 따라서 주가가 최고점을 찍은 다음 다시 하락이 시작되는 시점까지, 과하다 싶을 정도의 여유를 둘 필요가 있다.

  백테스트에 따르면 손절매 지점을 설정하지 않았을 때 이 시스템의 성과가 제일 좋았지만, 나는 위험을 관리할 수 없는 시스템으로 투자하는 것은 원하지 않는다. 이론적으로 이 시스템은 우리의 예상과 다르게 계속 상승할 수 있다.

- **시장 재진입**: 포지션을 정리했는데, 시스템에서 또 진입 신호를 주면 다음 날 재진입한다.
- **수익 보호**: 수익 보호를 하지 않는다. 초단기 매매이므로 추격 역지정가 주문은 설정하지 않는다.

• Buy Stop. 주가가 이 가격에 이르면 자동으로 매수되게 하는 주문. 체결가보다 높은 가격에 매수 주문을 설정한 것은 숏 포지션에서 손실을 제한하기 위해서다.

- **차익 실현**
  - 종가에서 포지션의 수익이 4% 이상이면 다음 날 장 마감 때 시장가로 포지션을 정리한다.
  - 시간 기준 매도 전략도 사용한다. 투자한 지 2일 후에 목표 수익에 도달하지 못하면 다음 날 장 마감 때 시장가로 주문을 낸다. 빠른 수익 창출과 포지션 정리가 목표다. 포지션을 계속 유지하면 수익을 내지 못하는 방향으로 흘러갈 수 있다. 포지션을 유지하는 대신 빠르게 정리하고 다른 후보 종목을 찾는다.
- **포지션 크기**: 최대 10개 포지션. 포지션별 총자산 대비 2%의 위험, 총자산 대비 최대 10% 자산 배분

표 7-3 › 평균회귀 단일 숏 시스템의 성과

1995년 1월 2일 ~ 2019년 7월 24일	투자 시스템
연복리수익률	18.14%
최대 손실폭	24.66%
연간 변동성	11.50%
샤프	1.58
MAR	0.74
승률	58.4%
승/패	0.98
벤치마킹 대상과의 일 수익 상관성	-0.28
총수익률	**5,897.58%**

이 시스템은 자체만으로도 매우 괜찮은 시스템이다. 18%의 연복리수익률과 24.66%의 최대 손실폭을 기록했다. 승률은 58%이고 승/패 비율은 평균회귀 시스템의 전형적인 승/패 비율과 비슷하

다. 승/패 비율이 1에 가깝다는 것은 매매에서 발생한 수익과 손실 금액이 비슷하다는 뜻이다. 다시 말해 평균회귀 시스템은 손실보다 수익을 보는 매매의 횟수가 훨씬 많기 때문에 돈을 번다.

여기서 가장 중요한 통계 수치는 음수로 표현된 벤치마킹 대상과의 일 수익 상관성이다. 이것이 우리가 추구하는 것이다. 이 수치가 음수인 것은 시장이 하락할 때 수익이 창출된다는 의미다. 우리는 이 시스템을 시장이 상승할 때 돈을 버는 트렌드 하이 모멘텀 롱 시스템과 통합할 예정이기 때문에 이것이야말로 우리가 찾고 있던 결과다.

그림 7-2 › 평균회귀 단일 숏 시스템의 수익곡선

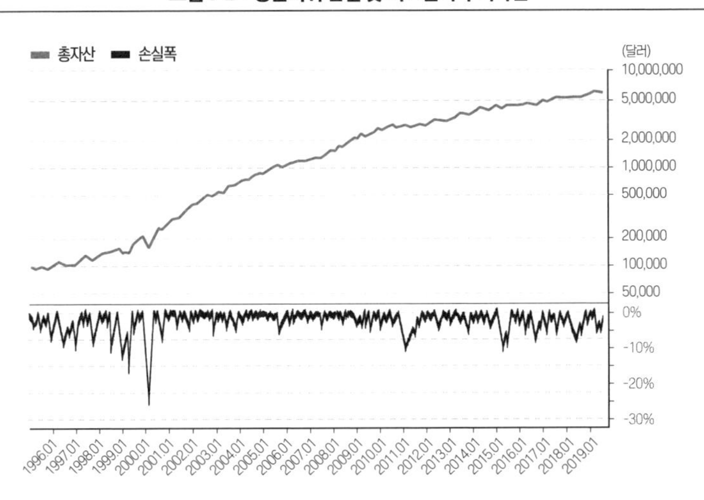

우리는 1개의 롱 시스템과 1개의 숏 시스템을 구축했고, 각각의 결과는 〈표 7-4〉와 같다.

표 7-4 › 각 시스템의 성과

투자 시스템	연복리수익률 (%)	최대 손실폭 (%)	MAR	샤프
트렌드 하이 모멘텀 롱	22.52	42.14	0.53	0.99
평균회귀 단일 숏	18.14	24.66	0.74	1.58

이제 이 두 시스템을 동시에 운용한다고 해보자. 우리는 100% 롱과 100% 숏으로 구성된 시스템을 가지고 있다. 이것은 우리가 레버리지를 이용해 투자한다는 의미이지만 롱 시스템이 숏 시스템을 보호해주기 때문에 문제는 없다. 100% 롱 시스템으로 투자할 때, 시장이 상승하면 롱 시스템에서 일반적으로 수익이 창출되고 숏 시스템에서는 약간의 손실이 발생한다. 100% 롱 시스템과 100% 숏 시스템을 동시에 운용하면, 롱과 숏이 서로의 위험을 상쇄해주기 때문에 순위험은 0이다. 대부분의 경우 롱이든 숏이든 한쪽에 100% 투자하는 경우는 없다. 최대 투자 수준이라면 롱과 숏 모두 100%로 투자하겠지만, 롱 시스템 70%, 숏 시스템 30%처럼 운용하는 경우가 더 많다. 더 많은 개별 시스템에 자산을 배분할 때 자산을 더 효과적으로 활용할 수 있다. 그리고 두 시스템은 서로 방향성이 다르기 때문에 기본적으로 정반대의 상관관계를 가지고 있다.

이 두 시스템은 명확한 강점을 보유하고 있다. 이제 두 시스템을 롱 100%와 숏 100%로 동시에 운용할 때 시스템들이 어떻게 통합되는지 살펴보자.

표 7-5 ›› 멀티 투자 시스템의 성과

투자 시스템	연복리수익률 (%)	최대 손실폭 (%)	MAR	샤프
통합된 롱과 숏 (둘 다 각각 100%)	43.54	31.5	1.38	2.11

<표 7-5>는 멀티 투자 시스템의 강점을 분명히 보여준다. 43%에 달하는 연복리수익률은 각각의 시스템에 비해 상당히 개선된 것이다. 최대 손실폭은 31%, MAR은 양호한 수준인 1.38이며, 최장 하락 기간은 16.5개월이다(<표 7-6>).

표 7-6 ›› 100% 트렌드 하이 모멘텀 롱과 100% 평균회귀 단일 숏 시스템을 통합했을 때의 성과

1995년 1월 2일 ~ 2019년 7월 24일	투자 시스템	S&P500
연복리수익률	43.54%	8.02%
최대 손실폭	31.54%	56.47%
최장 하락 기간	16.5개월	86개월
연간 변동성	20.67%	18.67%
샤프	2.11	0.43
MAR	1.38	0.14
총수익률	**714,804.60%**	**562.51%**

그림 7-3 › 100% 트렌드 하이 모멘텀 롱과 100% 평균회귀 단일 숏 시스템을 통합했을 때의 수익곡선

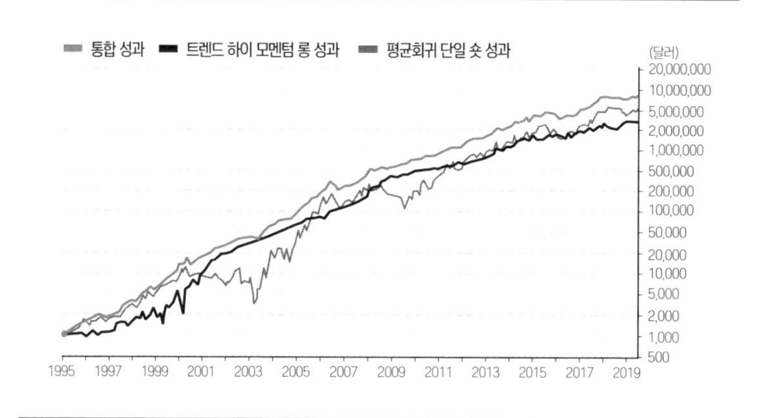

벤치마킹 대상인 S&P500과 멀티 투자 시스템을 비교해보면, 멀티 투자 시스템이 조금 더 높은 변동성을 보인 것을 제외하고 모든 지표의 성과가 뛰어남을 알 수 있다. 멀티 투자 시스템은 투자를 통해 얻을 수 있는 가장 큰 성과를 확실히 창출한다. 〈그림 7-3〉에서 볼 수 있듯이, 시스템을 통합하면 수익곡선의 굴곡진 부분이 적어지고 훨씬 매끄럽게 변한다. 더 매끄러운 수익곡선은 더 나은 수익을 의미한다.

표 7-7 ❯ 트렌드 하이 모멘텀 롱과 평균회귀 단일 숏 시스템을 통합했을 때의 월간 성과

	1월	2월	3월	4월	5월	6월	7월	8월	9월	10월	11월	12월	연간	SPY	비교
1995	1.17	4.01	9.88	0.90	5.73	6.84	6.21	15.08	16.44	-4.90	-0.87	-0.51	**74.19**	35.16	**39.03**
1996	4.40	7.87	3.62	2.91	-0.38	-4.66	-8.51	2.33	7.06	3.51	4.87	-3.02	**20.35**	20.31	**0.04**
1997	5.93	-0.97	3.03	15.34	8.50	8.11	7.16	0.69	8.03	-12.86	3.04	6.18	**62.52**	31.39	**31.14**
1998	6.82	11.08	9.19	9.59	-0.13	14.04	4.11	-12.34	7.93	-1.04	9.50	6.31	**83.50**	27.04	**56.46**
1999	8.61	0.78	11.52	11.09	6.26	4.74	-0.35	5.96	2.73	11.49	15.27	16.72	**145.55**	19.11	**126.44**
2000	-16.07	12.45	-2.83	-5.51	5.81	6.90	4.48	5.30	3.93	-0.58	2.73	4.77	**19.93**	-10.68	**30.61**
2001	1.79	6.22	3.95	6.39	9.00	3.65	-1.35	3.29	-0.14	4.13	0.66	4.03	**49.86**	-12.87	**62.73**
2002	6.70	3.48	-0.35	9.16	3.91	0.35	-3.70	3.56	1.30	-1.72	5.37	-3.59	**26.32**	-22.81	**49.13**
2003	-7.63	4.97	3.06	2.92	8.31	13.58	5.19	7.99	9.97	9.66	0.50	1.11	**76.11**	26.12	**49.98**
2004	12.60	-0.16	-1.61	-1.06	3.23	7.77	-8.40	2.81	10.80	6.00	15.79	9.94	**71.40**	8.94	**62.46**
2005	0.37	10.54	7.33	-6.89	11.53	8.70	11.08	2.25	4.55	4.00	13.86	2.61	**93.96**	3.01	**90.95**
2006	8.80	-7.49	16.72	-0.54	11.46	-7.91	-5.67	-9.36	0.52	7.93	7.91	1.46	**21.78**	13.74	**8.04**
2007	6.03	-1.53	-2.08	5.48	9.31	6.92	0.79	0.90	11.84	14.73	-3.72	13.81	**80.25**	3.24	**77.00**
2008	-10.02	5.60	1.27	1.82	2.34	6.17	1.86	-4.83	-1.94	1.42	2.30	4.75	**9.98**	-38.28	**48.26**
2009	-0.33	0.10	0.00	3.49	-0.16	-1.13	2.82	6.12	6.92	-0.23	6.11	0.23	**26.13**	23.49	**2.64**
2010	-2.36	5.66	4.22	7.10	-2.36	0.28	0.69	-3.37	12.03	5.66	3.29	-1.60	**32.01**	12.84	**19.17**
2011	0.19	3.08	10.38	-1.66	4.83	3.22	4.70	-7.10	-1.44	6.21	1.26	0.04	**25.12**	-0.20	**25.32**
2012	7.88	4.91	8.87	6.07	4.15	-2.59	0.89	3.03	1.48	-2.49	1.06	3.36	**42.45**	13.47	**28.97**
2013	11.33	0.03	8.07	1.79	11.22	-6.54	3.77	-0.36	12.85	-2.78	5.69	-0.58	**51.78**	26.69	**22.09**
2014	0.15	13.47	-1.44	3.00	1.70	5.76	2.43	10.96	-7.38	-0.37	9.62	3.99	**48.69**	11.29	**37.40**
2015	2.14	-1.40	2.24	-6.66	9.50	5.03	3.44	-5.66	-6.24	1.81	6.12	-6.83	**1.81**	-0.81	**2.62**
2016	-9.86	-3.45	0.77	-3.33	4.54	12.48	1.96	-1.90	-0.46	-1.43	10.95	11.72	**21.27**	9.64	**11.63**
2017	0.27	0.77	3.00	-0.85	9.94	-2.19	8.97	5.43	8.46	9.32	0.29	-2.28	**48.12**	19.38	**28.63**
2018	12.27	-2.52	-2.62	-3.37	6.12	-2.77	1.15	4.36	4.93	-9.99	-3.45	-5.01	**-2.82**	-6.35	**3.53**
2019	5.64	4.85	7.98	-3.85	-6.65	6.46	6.68						**21.91**	20.61	**1.30**

〈표 7-7〉은 월간 성과를 보여준다. 연간 수익은 145% 수익이 난 해를 포함해 거의 매년 두 자릿수라는 높은 수익률을 기록했고, 손해는 2018년의 -2.82% 딱 한 번뿐일 정도로 매력적이다. 그러나 두 자릿수 손실을 기록한 달을 포함해 성과가 좋지 않은 달이 상당히 많다는 것을 알 수 있다. 예를 들어 2006년 6월부터 8월까지 연속해서 손실을 기록했다. 주가는 복리로 움직이기 때문에 이 3개월간의 손실률은 30%에 달한다. 이런 상황에 처하면 대부분 "더는 못

하겠어. 이제 그만둘래"라고 말할 것이다.

〈표 7-7〉에서 연도별 수익률은 좋지만 그것 또한 등락이 꽤 심하다. 물론 이 정도의 성과도 좋지만, 우리는 변동성을 감소시키고 위험조정수익률을 증가시켜 훨씬 더 좋은 결과를 만들 수 있다. 더 많은 시스템을 통합하면 시스템 전체의 변동성을 낮추고, MAR 또는 샤프지수로 측정할 수 있는 위험조정수익률을 증가시키고 시스템의 강건성을 높일 수 있다.

시스템 3: 평균회귀 셀오프 롱
(Long Mean Reversion Selloff)

- **목표**: 이 시스템은 상승 추세에서 발생하는 단기 조정 눌림목[●]을 포착해 수익을 창출하기 위한 평균회귀 롱 시스템이다. 상승 추세의 주식을 매수하면 수익을 창출할 수 있다. 그러나 과매도되어 단기 조정을 받은 주식을 눌림목에서 매수하면 수익이 더욱 커진다.

  이 시스템은 롱 시스템인데도 앞서 본 트렌드 하이 모멘텀 롱 시스템과는 개념이 완전히 다르다. 두 시스템 모두 롱 포지션이지만 트렌드 하이 모멘텀 롱 시스템은 평균 200일 이상 주식을 보

● pullback. 상승 추세에서 주가가 일시 하락하다가 반등하는 구간

유하고, 평균회귀 셀오프 롱 시스템은 주가가 다시 평균으로 회귀할 때까지 며칠 동안만 단기로 보유한다. 이 시스템은 하락하는 주식이 아니라 상승 중인 주식의 과매도 시점을 공략하기 때문에 평균회귀 단일 숏 시스템과도 다르다. 각 시스템의 개념이 서로 다르면 상호 밀접한 상관관계가 없기 때문에 각기 다른 시장 상황에서 수익을 창출할 수 있다. 또한 이 시스템은 롱 시스템이기 때문에 IRA 계좌에서 평균회귀 시스템처럼 운용할 수 있다.

- **믿음**: 과거의 데이터를 기반으로 한 여러 실험 결과는 공포가 지배하는 주식을 사서 다시 상승할 때까지 기다리면 의심할 여지 없이 돈을 벌 수 있다는 사실을 보여준다. 명백하게 하락하고 있는 주식을 사는 것은 인간 본성에 어긋나는 일이지만, 백테스트 결과는 이렇게 하면 큰 수익을 거둘 수 있다고 말한다. 나는 13년의 시장 경험을 돌이켜 볼 때 이 개념이 무척 타당하다고 생각한다.
- **투자 대상**: 뉴욕증권거래소, 나스닥, 아멕스에 등록된 모든 주식에 투자한다. 앞에서 살펴본 두 시스템처럼 조건에 부합하는 주식을 가능한 한 많이 찾기 위해서는 큰 투자 대상이 필요하다. 개별 매매에서 단기간에 작은 수익을 거두기 때문에 매매를 많이 해야 한다.
- **필터**
  - 주가는 최소 1달러 이상이어야 한다.
  - 지난 50일 동안 평균 거래량이 100만 주 이상이어야 한다.

- 지난 10일 동안 ATR이 5% 또는 그 이상이어야 한다. 이 시스템이 작동하려면 상당한 수준의 변동성이 필요하기 때문이다.

- **설정**
  - 종가가 150일 단순이동평균 위에 있어야 한다.
  - 지난 3일 동안 12.5% 또는 그 이상 하락했어야 한다. 이 조건은 상승 추세에 있는 주식에서 발생한 중요한 조정을 감지한다. 이 같은 눌림목 조정은 실적 악화 같은 뉴스나 악재 때문에 종종 발생한다. 그러나 며칠 안에 투자자들은 이 주식이 괜찮은 종목임을 깨닫고 다시 매수하며, 주가는 상승한다.
- **순위**: 지난 3일 동안 큰 폭의 하락이 발생한 주식에 우선순위를 둔다.
- **시장 진입**: 직전 종가보다 7% 낮게 지정가로 주문한다. 이 조건은 매우 중요한데 왜냐하면 우리가 찾고 있는 것이 당일에 큰 조정을 받는 주식이기 때문이다. 우리는 떨어지는 칼날을 붙잡으려 하는 셈이다. 미숙한 투자자는 매도하고 발을 빼려고 하지만, 경험이 풍부한 투자자는 오히려 적극적으로 뛰어든다.
- **손절매**: 매수 당일, 체결 가격을 기준으로 최근 10일 ATR의 2.5배 아래 지점에 설정한다. 이렇게 하면 손절매 시 충분한 여유 공간이 생긴다. 7% 하락한 주식을 매수했는데 그 주식이 즉시 상승해 수익을 창출할 수 있을지 어떨지 우리는 전혀 예측할 수 없다. 따라서 주가가 바닥을 치고 다시 반등할 수 있는 충분한 공간을 주되, 다른 한편으로는 위험을 제한해야 한다.

- **시장 재진입**: 가능하다.
- **수익 보호**: 수익 보호를 하지 않는다.
- **차익 실현**: 종가 기준 4% 이상 수익이 발생하면 다음 날 장 마감 때 시장가로 매도한다. 매수 3일 후에도 목표 주가에 도달하지 못하거나 그때까지 매도하지 못했다면, 그다음 날 장 마감 때 시장가로 매도한다.
- **포지션 크기**: 최대 10개 포지션. 포지션별 총자산 대비 2%의 위험, 총자산 대비 최대 10% 자산 배분

표 7-8 › 평균회귀 셀오프 롱 시스템의 성과

1995년 1월 2일 ~ 2019년 7월 24일	투자 시스템
연복리수익률	13.88%
최대 손실폭	13.83%
최장 하락 기간	43개월
연간 변동성	10.36%
샤프	1.34
MAR	1.00
승률	63.04%
승/패	0.88
총수익률	**2,334.14%**

보유 기간은 짧아지고 손실폭은 감소했고 승률은 약 63%다. 연복리수익률은 벤치마킹 대상의 2배 정도이고, 변동성은 거의 절반 수준이다.

〈표 7-8〉에서 보듯이 이 시스템은 약세장에서도 큰 문제 없이

작동했다. 약세장에서도 개별 주식의 숏 스퀴즈● 때문에 급격한 상승 움직임이 발생하는 경우가 있는데, 이 시스템이 찾고자 하는 상황이 바로 그것이다.

그림 7-4 › 평균회귀 셀오프 롱 시스템의 수익곡선

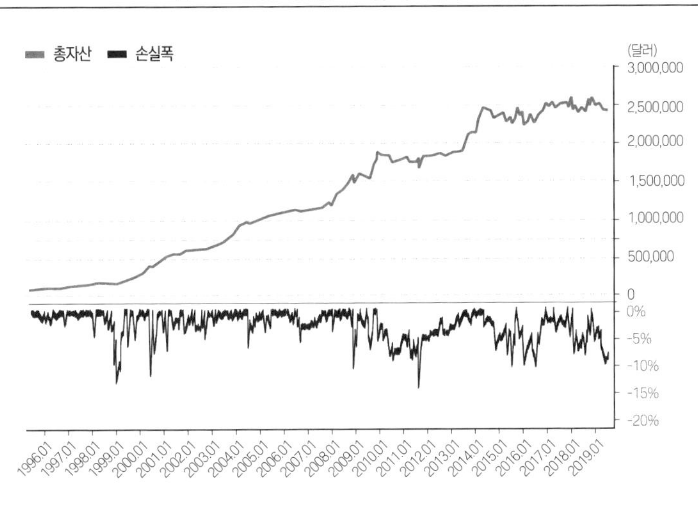

이제 이 3개의 시스템을 50% 평균회귀 롱 시스템, 50% 장기 추세추종 시스템, 100% 평균회귀 숏 시스템으로 통합해보자. 모든 지표의 성과가 개선되는 것을 확인할 수 있다. 위험조정수익률은 증가하고, 하락 일수도 감소하고, 손실폭도 줄어든다. 이것이야말로 멀티 투자 시스템이 추구하는 결과다.

● Short Squeeze. 공매도를 청산하기 위해 환매해야 하는 상황

표 7-9 › 트렌드 하이 모멘텀 롱 50%, 평균회귀 셀오프 롱 50%, 평균회귀 단일 숏 100% 시스템을 통합했을 때의 성과

1995년 1월 2일 ~ 2019년 7월 24일	멀티 투자 시스템	S&P500
연복리수익률	39.59%	8.02%
최대 손실폭	19.33%	56.47%
최장 하락 기간	15.9개월	86개월
연간 변동성	15.11%	18.67%
샤프	2.62	0.43
MAR	2.05	0.14
총수익률	**360,664.19%**	**562.51%**

그림 7-5 › 트렌드 하이 모멘텀 롱 50%, 평균회귀 셀오프 롱 50%, 평균회귀 단일 숏 100% 시스템을 통합했을 때의 수익곡선

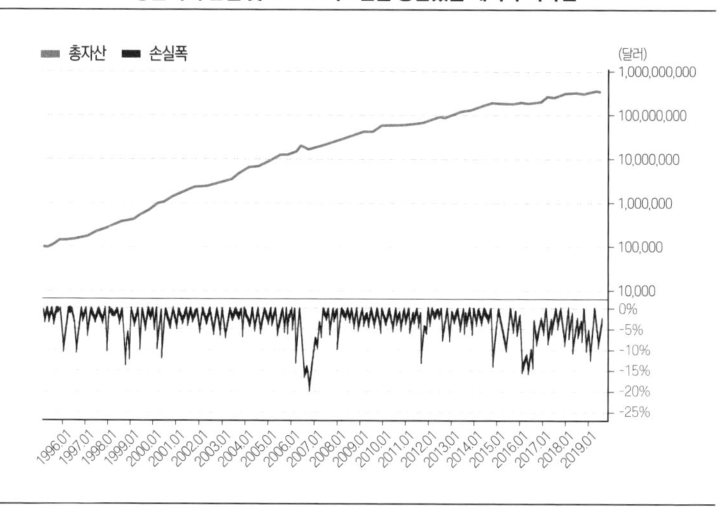

수익곡선은 더 매끄럽고, 손실폭은 훨씬 줄어들고, 대부분 두 자릿수의 수익률을 기록했다. 연복리수익률은 39.59%로 조금 하락했지만, 최대 손실폭은 2개의 시스템을 통합했을 때의 35%에 비해

표 7-10 › 트렌드 하이 모멘텀 롱, 평균회귀 셀오프 롱, 평균회귀 단일 숏 시스템을 통합했을 때의 월간 성과

	1월	2월	3월	4월	5월	6월	7월	8월	9월	10월	11월	12월	연간	SPY	비교
1995	-0.26	1.27	7.00	1.01	3.83	4.15	3.94	9.12	11.21	3.56	-1.80	-0.18	**40.74**	35.16	**5.57**
1996	3.96	5.76	4.15	1.10	-1.56	-0.16	1.39	1.38	3.73	3.45	2.58	-1.57	**26.73**	20.31	**6.42**
1997	4.67	1.95	4.34	13.15	4.06	5.70	4.01	-0.32	4.92	-2.79	7.75	6.87	**68.74**	31.39	**37.35**
1998	4.84	6.62	4.94	6.94	0.60	7.00	1.28	-9.71	7.72	-3.47	5.87	2.53	**39.36**	27.04	**12.32**
1999	6.98	4.22	8.66	11.92	10.07	4.62	0.35	5.60	5.11	12.75	9.87	6.47	**129.40**	19.11	**110.29**
2000	-4.16	6.82	5.02	1.45	7.94	4.64	9.22	-0.06	4.52	4.83	6.56	3.90	**63.12**	-10.68	**73.80**
2001	7.65	6.40	4.60	4.77	6.45	4.05	2.86	4.04	0.47	6.74	0.25	3.55	**65.62**	-12.87	**78.49**
2002	4.71	2.70	-0.95	7.71	4.42	1.72	3.12	2.87	1.41	-1.52	4.27	2.08	**37.44**	-22.81	**60.25**
2003	-2.70	6.30	2.35	1.64	3.03	15.95	5.60	4.58	9.69	5.76	4.58	4.16	**79.40**	26.12	**53.28**
2004	11.15	0.60	-0.56	-0.92	2.67	5.44	-1.83	3.15	6.12	4.15	9.63	7.09	**56.70**	8.94	**47.77**
2005	0.90	7.16	5.57	-2.56	7.05	6.23	5.56	0.70	3.66	3.39	8.82	1.26	**58.76**	3.01	**55.74**
2006	4.43	-3.65	14.43	1.55	7.77	-4.26	-2.89	-5.04	0.96	4.26	4.64	1.66	**24.54**	13.74	**10.80**
2007	4.27	0.25	-0.91	4.02	5.06	4.30	0.65	3.65	5.62	9.52	-0.73	9.10	**54.32**	3.24	**51.08**
2008	-0.16	4.69	3.75	0.23	1.57	6.46	6.36	-0.70	3.07	0.04	3.96	4.75	**39.37**	-38.28	**77.66**
2009	0.24	-0.18	-0.33	4.39	2.67	-1.82	-0.80	9.10	9.09	4.38	2.56	-0.82	**31.54**	23.49	**8.05**
2010	-1.16	4.08	1.24	4.37	-1.50	1.20	-0.39	-1.78	6.31	4.33	1.24	-0.66	**18.24**	12.84	**5.40**
2011	-1.41	0.67	5.40	-1.12	4.62	1.44	4.78	-5.01	0.29	5.32	0.70	-0.02	**16.19**	-0.20	**16.39**
2012	4.69	3.43	6.21	4.17	4.45	-1.46	0.36	0.64	1.53	-12.87	1.59	0.84	**27.12**	13.47	**13.65**
2013	7.81	1.81	4.99	0.59	9.77	-0.60	1.48	2.49	6.78	-1.89	5.30	-0.72	**44.07**	26.69	**14.38**
2014	3.40	9.23	2.72	5.71	0.53	2.83	2.58	5.57	-6.88	0.03	6.72	3.47	**41.20**	11.29	**29.91**
2015	2.73	-2.53	0.80	-7.08	7.25	2.79	4.70	-1.24	-2.96	1.59	2.61	-4.42	**3.36**	-0.81	**4.18**
2016	-8.13	0.63	0.06	-1.90	1.15	9.64	0.62	-1.59	1.34	0.75	6.58	8.91	**18.10**	9.64	**8.46**
2017	0.72	-0.59	2.39	-0.50	6.31	-0.71	3.92	3.08	7.32	6.43	-1.57	0.86	**30.78**	19.38	**11.39**
2018	8.03	-2.57	-4.34	-1.86	3.78	-1.27	0.64	3.21	4.98	-2.81	-2.65	-2.97	**1.36**	-6.35	**7.70**
2019	4.48	2.76	5.75	-4.66	-4.14	3.03	4.49						**11.70**	20.61	**-8.92**

19.3%로 감소했다.

앞의 <표 7-6>에서 43%의 수익률을 확인하고 그 정도 수익률을 원한다고 말하기는 쉽지만 31%의 손실을 쉽게 감당할 수 있을지는 의문이다. 감당할 수 없다면 투자해봐야 소용이 없다. 그렇다면 연 복리수익률이 조금 낮더라도 손실폭을 크게 줄일 수 있는 더 우수한 시스템을 만들면 된다. 더 우수한 시스템을 구축하면, 당신의 목표에 부합하는 알고리즘을 활용하고 포지션 크기를 조절해가면서 꿈에 한 발짝 더 다가갈 수 있다.

MAR이 0.7인 시스템보다 MAR이 3.0인 시스템을 운용하는 것이 더 쉬울 것이다. MAR이 크다는 것은 더 편안하게 투자할 수 있다는 뜻이다. 우리는 스스로 구축한 시스템을 포기하지 않을 확신이 필요하다. 시스템에서 25%의 손실이 발생했는데 그것을 감당하지 못한다면, 당신은 최악의 경우 시스템 운용을 포기할 것이다. 만약 손실률이 10% 정도일 때 좀더 마음 편하게 투자할 수 있다면, 그런 시스템을 만들어야 한다. 그래야 지속적으로 투자할 수 있다. 지속성은 성공적인 투자에 꼭 필요한 요소다.

그림 7-6 » 멀티 투자 시스템과 벤치마킹 대상의 역사적 변동성 비교

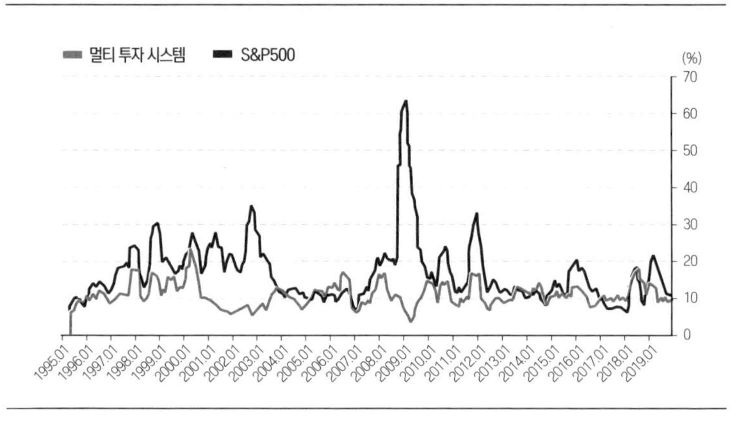

<그림 7-6>은 1개의 추세추종 롱 시스템, 1개의 평균회귀 롱 시스템, 1개의 평균회귀 숏 시스템을 통합해 구축한 멀티 투자 시스템과 벤치마킹 대상인 S&P500의 역사적 변동성을 비교한 것이다.

2008년과 같이 변동성이 엄청났던 시기에 롱 포지션 하나로만 투자했다고 해보자. 멀티 투자 시스템보다 최고 6배나 변동성이 큰 포트폴리오를 운용했을 것이다.

변동성과 손실폭은 감소하고 연복리수익률은 증가하는 것이 여러 시스템을 통합한 멀티 투자 시스템의 핵심 장점이다.

시스템을 추가하면 멀티 투자 시스템의 성과를 더욱 개선할 수 있다. 다만, 시스템의 숫자가 성공의 열쇠인 것은 아니다. 중요한 것은 시스템들이 서로 상관관계가 없어야 한다는 것이다. 예컨대 트렌드 하이 모멘텀 롱 시스템에서 손실이 발생하는 시기와 정확히 일치하는 또 다른 추세추종 시스템을 추가한다고 하더라도, 시스템의 실제 가치는 증가하지 않는다.

멀티 투자 시스템은 때때로 서로 연관되기도 한다. 엄청난 투매가 발생한 경우, 롱 시스템은 서로 모두 연관된다. 하지만 투매가 발생하는 것은 극히 드문 일이므로 대부부 기간에는 개별 시스템의 위험에 대해 높은 수준의 비상관 관계를 확보할 수 있다. 또한 롱 시스템이 작동할 때 롱 시스템들의 상관관계가 커지면 이를 숏 시스템이 보완해준다.

모든 시스템은 시장 상황에 따라 수익과 손실이 발생한다. 수익과 손실이 발생하는 상황을 잘 관리한다면 수익곡선은 더 보기 좋은 모양이 될 것이다.

8장

멀티 투자 시스템으로 수익을 키워라

지금까지 서로 다른 스타일과 서로 다른 목표를 가진 투자 시스템을 통합해 더 큰 위험조정수익률을 얻는 방법에 대해 배웠다. 이제 생각해봐야 하는 문제는 시스템을 계속해서 확장할 수 있느냐 하는 것이다. 왜냐하면 시스템을 확장할수록 중복되는 부분이 많아져 도움이 안 될 수도 있기 때문이다.

앞에서 살펴본 대로 3개의 개별 시스템을 통합한 멀티 투자 시스템은 백테스트에서 연복리수익률 39%와 최대 손실폭 19%라는 결과를 내놓았다. 이것은 상당히 멋진 성과다!

그런 성과를 얻고도 우리는 왜 시스템을 더 추가하기를 원할까? 이에 답하기 위해서는 다음 요소를 고려해야 한다.

1. 기업 위험
2. 시스템의 일시적인 무성과(단일 시스템의 수익 변동성)
3. 확장성

4. 전체 수익곡선의 더 낮은 변동성

기업 위험은 기업에 발생한 사건과 관련이 있다

기업 위험은 실적 악화, 파산, 최고경영자의 사임 또는 질병, 내부자 거래로 인한 기소, 배당 정책 변화(배당률의 상승 또는 하락. 주식을 공매도할 경우 높은 배당은 도움이 되지 않는다) 등과 같은 사건을 포함한다. 이런 사건들은 해당 기업의 주가가 시장과 전혀 무관하게 움직이게 한다. 주가 변동은 급작스럽고 극적으로 이루어질 수 있다. 장 마감 후 최고경영자가 불미스러운 일로 사임한 경우 다음 날 주가가 10% 하락한 가격으로 출발하기도 한다.

만약 그 주식을 다량 보유하고 있다면, 이런 놀라운 사건들로 투자 성과에 큰 영향을 받게 된다. 물론 멀티 투자 시스템을 보유한 당신은 그 상황에서도 수익을 창출할 수 있지만, 갑자기 발생한 몇 가지 기업 관련 사건들은 포트폴리오에 전혀 예측할 수 없는 방향으로 영향을 줄 것이다.

2.7달러에 주식을 매수했다고 해보자(그림 8-1). 장 종료 후 기업이 실적 악화를 발표했다. 다음 날 주식의 시가는 0.4달러가 됐다(그림 8-2). 20% 추격 역지정가 주문을 설정했다고 하더라도 이미 의미가 없다. 주가 하락폭이 설정해둔 손절매를 훌쩍 넘어버렸기 때문이다.

그림 8-1 › 2018년 2월 9일 ~ 3월 8일, 안테라 파마슈티컬스(ANTH)●

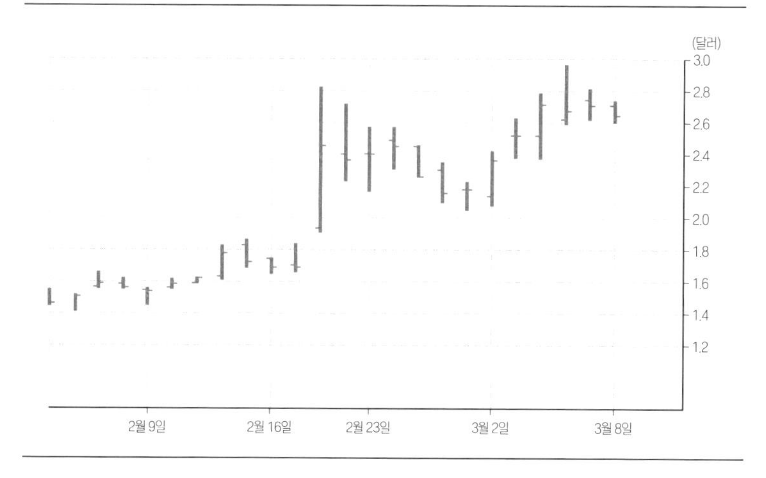

그림 8-2 › 2018년 3월 9일 ANTH 갭 하락

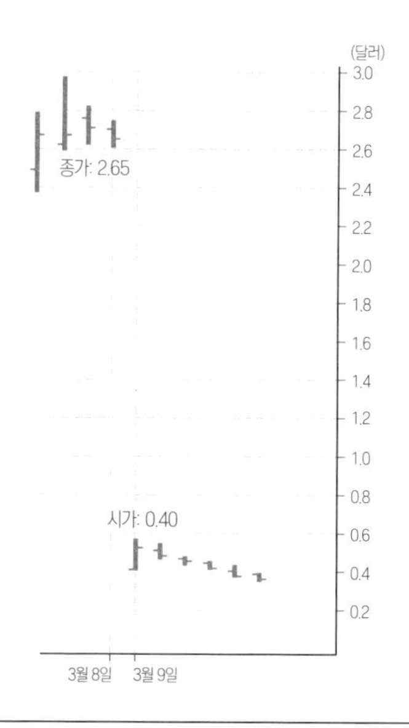

● Anthera Pharmaceuticals. 미국의 생명공학 기업

나도 예전에 이런 일을 겪은 적이 있고, 아마도 대부분 투자자가 한 번쯤은 경험해봤으리라 생각한다. 당신이 실시한 백테스트에서 이런 상황이 발생하지 않았다는 것은 중요하지 않다. 장담컨대, 결국 일어날 일이다. 나는 이 사실을 장담할 수 있을 만큼 오랫동안 투자를 해왔다. 대부분 투자자는 주가가 예측한 대로 움직일 때는 큰 수익이 발생하기 때문에 주가의 변동에 큰 신경을 쓰지 않는 경향이 있고 획득한 수익에 만족한다. 그러다가 재난을 만나면 허둥지둥하며 감정적으로 의사결정을 한다.

또 다른 예로, 2달러에 바이오 관련주를 공매도했다고 해보자. 몇 시간 후, 특허 승인을 받았다는 회사의 보도자료가 뿌려진다. 다음 날, 해당 주식은 시가 4달러로 시작한다(바이오주처럼 변동성이 매우 큰 종목에서는 이런 경우가 다반사다). 만약 너무 많은 포지션을 보유했다면 파산할지도 모르는 손실률이다. 정해놓은 손절매는 중요하지 않다. 당일 시가에 손절매가 실행되겠지만 이미 손실이 50%인 상황이다.

실제 사례를 한번 살펴보자(그림 8-3, 8-4).

공매도를 했다면 이 두 사례 모두에서 손실이 엄청났을 것이다. 포지션이 크면 클수록 손실도 커진다. 그러므로 기업과 관련된 사건에는 반드시 주의를 기울여야 한다. 기업 위험은 당신에게 유리한 방향으로 전개돼 당신을 천재인 것처럼 느끼게 해주기도 하고, 포지션에 악영향을 미쳐 당신을 파산시킬 수도 있다.

기업 위험으로부터 자산을 보호하는 방법은 각 포지션에 할당하는 자금의 크기를 줄이는 것이다. 할당하는 자금의 크기를 줄이기

그림 8-3 › 뉴로크린 바이오사이언스(NBIX)● 갭 상승

그림 8-4 › 인터셉트 파마슈티컬스(ICPT)●● 갭 상승

● Neurocrine Bioscience. 미국의 바이오제약회사

●● Intercept Pharmaceuticals. 미국의 바이오제약회사

위해 더 많은 시스템을 보유하면 포지션의 수는 더 많아진다. 이는 곧 시스템이 많으면 많을수록 기업 관련 사건이 자산에 미치는 영향이 줄어든다는 뜻이다. 포지션별로 자산의 10%씩 1개의 시스템으로 매매한다면, 포지션별로 자산의 5%씩 분배한 2개의 시스템으로 매매하는 것보다 2배의 영향을 영향을 받을 것이다. 전체 시스템에서 한 방향 포지션만 고수한다고 가정했을 때의 얘기다.

일시적인 무성과는 모든 시스템에서 발생할 수 있다

모든 개별 시스템은 돈을 벌지 못하는 상황에 직면할 수 있다. 이것은 삶의 일부이자 매매의 한 단면이다. 그러므로 개별 시스템에서 수익이 나지 않는 상황을 잘 관리해야 한다. 안 좋은 성과나 실패는 사전에 예측한 것보다 더 오래 지속될 수 있다. 시스템은 때때로 백테스트 결과보다 더 나쁜 성과를 보인다. 그러나 그 사실이 뭔가 잘못됐음을 의미하는 것은 아니고, 단순히 무작위로 발생하는 상황이다. 무성과는 강세장에서 매수 포지션을 유지하고 있을 때도 발생하지만, 일반적으로 실적을 내지 못하는 몇몇 종목이 포함된 포트폴리오를 보유하고 있을 때 발생한다. 이런 상황은 전체 시스템의 성과를 저하시킨다.

추세추종 시스템 중에서 하나를 골라 기간 수익을 살펴보자. 기간 수익은 정해진 기간에 시스템의 순 성과를 일별로 단순 계산한 것을 말한다.

표 8-1 › 12개월 기간 수익률(추세추종 시스템)

1995년 1월 2일 ~ 2019년 7월 24일	투자 시스템
연복리수익률	22.52%
12개월 최대 수익률	142.75%
12개월 최소 수익률	-28.56%

<표 8-1>에서 보다시피 1995년부터 2019년까지 24년 동안 연복리수익률 22.52%를 기록했지만, 수익률은 매년 동일하지 않다. 12개월 수익률이 142%인 경우도 있고, -28%였던 해도 있다.

그림 8-5 › 12개월 기간 수익률(추세추종 시스템)

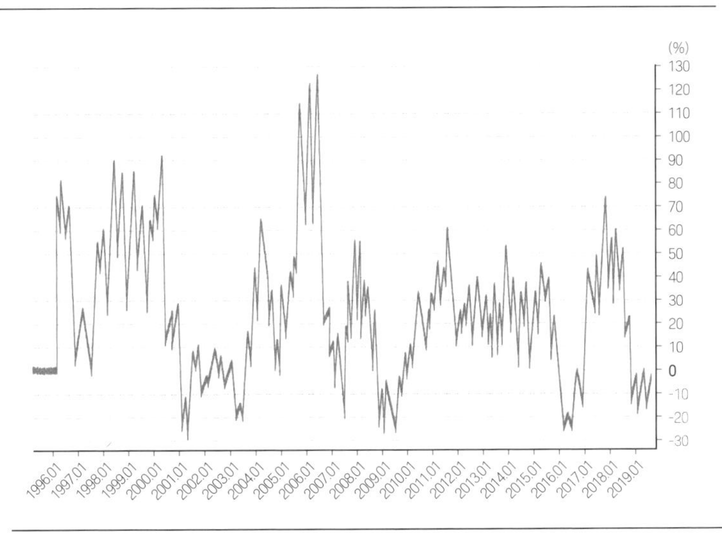

<그림 8-5>에서 명백하게 확인할 수 있듯이, 엄청난 수익이 난 해가 있는 반면 그 반대인 해도 많다.

동일하지 않은 시장 진입 기준, 순위, 매도 전략으로 각각 다른 시스템을 만들 수 있다면 완벽하게 상관관계가 없는 시스템을 구축할 수 있다. 그렇게 하면 서로 다른 시기에 다양한 결과가 발생한다. 이런 시스템들이 통합되면, 변동성이 더 작은 매끄러운 수익곡선이 만들어진다. 손실폭은 줄어들고 위험조정수익률은 높아진다.

아마도 당신은 '손실폭을 절반으로 줄이면 수익폭도 절반으로 줄어드는 것 아닌가?' 하고 생각할지도 모르겠다. 그 의문을 해소해주는 것이 멀티 투자 시스템의 마법이다. 서로 다른 시스템은 서로 다른 시기에 수익을 창출하고, 각 시스템은 통계적으로 시장평균보다 더 나은 수익을 추구하도록 설계되어 있기 때문에 더 많은 시스템을 운용하면 더 우수한 성과를 얻게 된다.

더 많은 투자 시스템을 통합하면 위험조정수익률을 높이면서 포트폴리오의 전체 변동성을 줄일 수 있다. 멀티 투자 시스템은 단일 시스템의 영향(긍정적이든 부정적이든)을 약화시켜 더 매끄러운 수익곡선을 만들고, 동시에 수익을 증가시키는 더 많은 강점을 전체 시스템에 추가한다. 그러면 더 높은 위험조정수익률을 획득하면서 궁극적인 목표 달성을 위해 좀더 공격적인 포지션을 구성할 수 있다.

서로 다른 방향성을 가진 멀티 투자 시스템을 사용하면, 시장의 방향성은 중요치 않게 된다. 모든 시장 상황을 예측하기에 충분한 시스템을 구축한다면, 모든 시장 상황에서 수익을 창출할 수 있다.

예를 들어 1개의 롱 시스템을 사용하는데, 여러 이유로 성과가 좋지 않으면(주가가 전혀 오르지 않거나 예상만큼 상승하지 않는 주식에 투자한 경우) 대상승의 시기를 놓치게 된다. 강세장에서 5개의 롱 시스템을 보유하고 있다면, 그중 1개의 성과가 별로 좋지 않더라도 전체적인 성과에 큰 영향을 주지 않는다. 더욱이 롱과 숏을 동시에 사용하면 시장의 움직임과 관계없이 수익을 창출할 수 있다. 이것은 당신의 정신 건강을 위해 엄청나게 중요하다.

확장성

멀티 투자 시스템을 사용할 때의 또 다른 장점은 적당한 크기의 포지션을 구성할 수 있다는 것이다. 소수의 시스템만 사용하면, 포지션마다 할당되는 금액이 너무 커서 매매하기가 힘들 수 있다. 일테면 시장이 내 포지션과 반대 방향으로 움직일 때, 내가 생각한 가격에 모두 매도할 수 없어 손실이 커질 수도 있다. 자본금이 큰 펀드들이 거래량이 작은 종목을 거래하지 않는 이유가 비로 이것이다.

또한 공매도의 경우, 원하는 수량만큼 공매도를 하지 못할 수도 있다. 포지션이 너무 크면 주식중개인이 숏 물량을 확보하는 데 어려움을 겪을 수 있기 때문이다.

멀티 투자 시스템을 운용하며 각 시스템에서 다른 주식을 거래하고, 각 주식에 더 적은 금액을 할당함으로써 이 문제를 해결할 수 있다. 이것이 시스템을 확장하고자 하는 핵심적인 이유다.

수익곡선의 낮은 변동성

멀티 투자 시스템을 동시에 더 많이 사용해 투자할수록, 수익 변동성은 낮아지고 수익곡선은 더 매끄럽고 보기 좋아진다. <그림 8-6>이 이 사실을 완벽하게 보여준다.

개별 시스템의 수익곡선과 멀티 투자 시스템의 수익곡선을 비교해보자. 먼저, 전체 성과의 변동성이 얼마나 감소했는지 확인해보

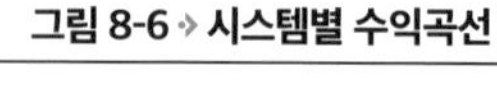

그림 8-6 › 시스템별 수익곡선

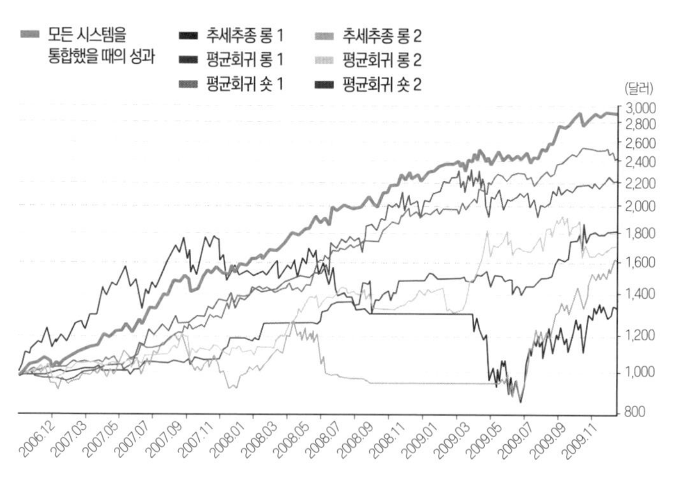

자. <그림 8-6>에서 컬러로 표시된 굵은 선이 모든 시스템을 통합했을 때의 성과를 나타낸다. 2008~2009년에 몇몇 롱 시스템의 성과가 변동 없이 평평하지만, 숏 시스템이 수익을 내고 있어 전체 시스템은 여전히 돈을 벌고 있음을 확인할 수 있다.

9장

더 많은 시스템을 통합하라: 시스템 4, 5, 6

이번 장에서는 앞에서 다룬 세 가지 시스템과 상관관계가 거의 없는 또 다른 3개의 시스템을 살펴볼 것이다. 멀티 투자 시스템을 더 많이 보유할수록(여기에서 핵심은 각 시스템 간에 상관관계가 없다는 것이다), 시장 상황과 관계없이 수익이 지속적으로 창출된다.

시스템 수를 어떻게 증가시킬 것인가

서로 다른 시장 진입 기준, 순위, 매도 전략을 가진 새로운 투자 시스템을 구축해 멀티 투자 시스템에 추가할 수 있다.

시장에는 롱과 숏의 두 방향 포지션이 있고, 우리는 평균회귀와 추세추종이라는 두 가지 접근법을 사용할 수 있다. 이렇게 말하면 매우 제한적으로 보이지만, 미국 시장에는 투자할 수 있는 주식이

7,000여 개나 있다(정확한 수는 주식 유동성에 대한 당신의 요구사항에 따라 조금씩 다를 수 있다).● 이는 상이한 매매 전략을 바탕으로 하는 각양각색의 시스템을 구축해 서로 다른 종목에 투자할 기회가 있다는 뜻이다.

그렇다면 다른 시스템의 성과를 복제하는 함정에 빠지지 않으면서 더 많은 시스템을 구축하기 위해서는 어떻게 해야 할까?

추세추종 시스템을 예로 들어보겠다. 조정할 수 있는 첫 번째 조건은 시장 진입이다. 즉, 어떤 주식을 매수할 것인가의 문제다. 앞서 설명한 첫 번째 장기 추세추종 시스템인 트렌드 하이 모멘텀 롱 시스템에서는 변동성이 상당히 높은 주식 중심으로 매수한다. 이와 대비되는 개념의 시스템에서는 저변동성 주식을 매매한다. 시스템별로 서로 다른 매매 후보군이 있으므로 그 결과도 당연히 달라진다. 이것 하나만으로도 큰 구별 요소가 된다.

가격에 따라 시장을 세분화할 수도 있다. 10달러 이하의 주식을 매매하는 시스템을 구축한다면, 비싼 주식에 투자할 때와는 전혀 다른 시장 참가자와 매매 행동을 마주하게 될 것이다. 똑같은 상황이 거래량이 많은 종목과 적은 종목, 고변동성 종목과 저변동성 종목에서도 동일하게 나타난다.

앞에서 언급한 하이 모멘텀 주식에 투자할 때, 우리는 단순 추세 필터를 사용한다. 상이한 종목을 찾는 방법 중 하나는 기간을 다르

● 2020년 현재 한국의 상장종목 수는 코스피, 코스닥 합쳐서 2,200여 개다.

게 설정해 백테스트하는 것이다. 예컨대 주가가 50일·100일·200일 단순이동평균선 위에 있는 주식을 찾을 수 있는데, 이것은 단기·중기·장기 상승 추세임을 나타낸다.

눌림목을 보여주는 필터를 추가할 수도 있다. 예를 들어 3일 RSI가 10 이하면 강력, 13 이하면 중간, 50 이하면 약한 눌림목이다. 이 필터를 추가하면 투자 기회를 찾는 데 더 유리하다.

다양한 변수를 필터로 적용했는데도, 서로 다른 시스템이 같은 종목을 매수하게 될 수도 있다. 그래서 그다음으로 중요한 요소 중 하나인 순위에 중점을 두어야 한다. 역사적으로 가장 높거나 가장 낮은 변동성, 가장 과매수됐거나 과매도된 종목, 가장 강력하거나 가장 약한 추세 순으로 종목을 나열한다. 이처럼 서로 다른 기준의 순위를 적용하면, 각 시스템이 거의 확실하게 다른 종목에 투자하게 된다.

가장 마지막 도구는 매도 전략이다. 시장 상황으로 인해 시스템 간에 상관관계가 발생할 수도 있기 때문에 시스템별로 서로 다른 매도 전략을 가지고 있어야 한다. 시장이 조정을 받았다가 회복될 때 어떤 시스템은 주식을 매도하지만 어떤 시스템은 계속 보유하게 하는 것이다. 기대수익의 크기와 목표 충족 조건(예를 들어 ATR 또는 수익 비율 등)을 다르게 설정하거나 추격 역지정가 주문의 범위를 달리 설정할 수도 있다.

마지막으로 평균회귀 시스템에서는 1일 매매 제한을 다양하게 설정해 2개의 시스템이 같은 방식으로 매도하게 한다.

다양한 변수를 적용하면, 상관관계는 여전히 낮으면서 다양한 스타일이 적용된 멀티 투자 시스템을 쉽게 구축할 수 있다. 이렇게 하면 수익곡선은 더 보기 좋은 모양이 되고 위험은 줄어든다.

이제 다음 세 가지 시스템을 살펴볼 시간이다.

시스템 4: 트렌드 저변동성 롱
(Long Trend Low Volatility)

- **목표**: 앞서 소개한 시스템 1인 트렌드 하이 모멘텀 롱은 변동성이 높은 고변동성 시스템이다. 그에 대비되는 시스템이 트렌드 저변동성 롱이다. 이 시스템은 추세를 추종하지만, 실제로 고변동성의 장기 추세추종 시스템과는 상관관계가 낮다.
- **믿음**: 이 시스템에 내재되어 있는 믿음은 변동성이 낮을수록 수익이 높다는 것이다. 저변동성 주식은 기관들이 주로 보유하는 종목이고, 거대하고 시장 지배력이 높은 기업들이 대부분이다. 일반적으로 그런 기업들은 수익과 손실을 훨씬 지속적으로 관리한다. 기업 관련 사건들이 주가에 미치는 영향력이 덜하고, 모든 것이 비교적 매끄럽게 진행되는 경향이 있다. 이런 주식들은 좀더 일관적이고 굴곡 없이 상승한다.
- **투자 대상**: 나스닥, 뉴욕증권거래소, 아멕스의 모든 종목에 투자한다.

- **필터**
  - 일평균 거래 금액이 지난 50일 동안 1억 달러 이상이어야 한다.
  - 변동성 메트릭스에서 낮은 쪽에 위치하는 역사적 변동성이 10%에서 40% 사이여야 한다.
- **설정**
  - S&P500 종가가 200일 단순이동평균보다 위에 있어야 한다. 이것은 시장이 상승세임을 의미한다.
  - 해당 주식의 종가가 200일 단순이동평균보다 위에 있어야 한다.
- **순위**: 4일간 RSI가 가장 낮은 순(과매도의 정도가 가장 심한 것을 의미한다)으로 순위를 매긴다. 이 점이 변동률이 가장 높은 순으로 순위를 매겼던 시스템 1과 구분되는 또 다른 특징이다. 이 시스템에서 찾고 있는 것은 가장 과매도된 주식이다.
- **시장 진입**: 장 시작 때 시장가로 매수한다. 슬리피지와 상관없이 반드시 매수한다.
- **손절매**: 매수 당일, 체결 가격을 기준으로 최근 40일 ATR의 1.5배 아래에 손절매를 설정한다. 이것은 꽤 작은 범위의 손절매인데, 작은 위험을 부담하고 주가가 예측대로 움직일 때 큰 비대칭 수익을 확보하기 위해서다.
- **시장 재진입**: 재진입할 수 있다.
- **수익 보호**: 20%의 추격 역지정가 주문을 설정한다. 주가가 지속적으로 상승할 때 수익을 보호해준다.
- **차익 실현**: 추세가 지속될 때까지 차익을 실현하지 않고 계속 보유한다.

- **포지션 크기**: 포지션별 총자산 대비 2%의 위험, 총자산 대비 최대 10%의 자산 배분

표 9-1 › 트렌드 저변동성 롱 시스템의 성과

1995년 1월 2일 ~ 2019년 7월 24일	투자 시스템
연복리수익률	13.37%
최대 손실폭	21.13%
연간 변동성	14.80%
샤프	0.90
MAR	0.63
승률	29.62%
승/패	6.41
총수익률	**2,077.88%**

그림 9-1 › 트렌드 저변동성 롱 시스템의 수익곡선

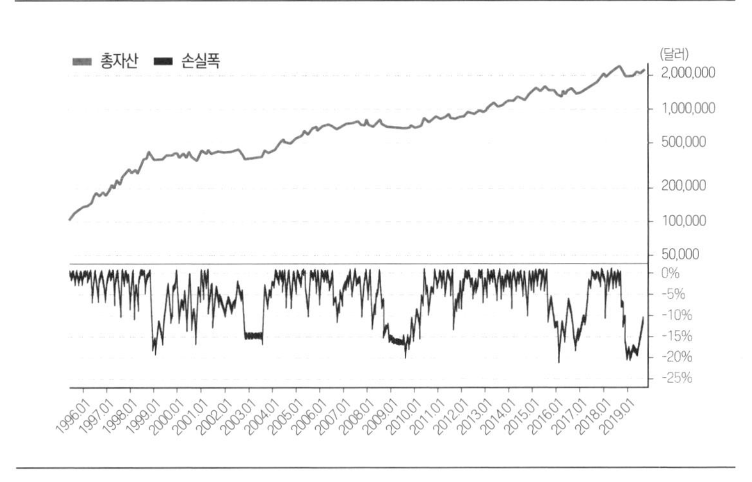

수익은 13.3%지만 최대 손실폭이 21.1%로 괜찮은 수준이다. 그 밖에 최장 하락 기간도 추세추종에서는 나쁘지 않은 34개월에 불과한 것으로 나왔다. 이 시스템에서 가장 흥미로운 점은 승률이 29.6%에 불과하고 승/패 비율이 6.4:1이라는 것인데, 이는 수익이 발생했을 때 꽤 수익이 높았다는 것을 의미한다. 이것이 비대칭 투자 시스템의 전형적인 예다.

> 매일매일 반복적으로 소액을 잃지만,
> 그 손실을 한 번에 만회할 수 있는 큰 수익을 창출한다.

단일 시스템으로 이 시스템을 운용하는 투자자는 낮은 승률이 매우 불편할 수 있다. 하지만 이 시스템을 운용할 때의 핵심 원칙은 기준을 벗어난 손실은 손절매하고, 수익이 발생하는 종목은 추세가 반전될 때까지 계속 보유한다는 것이다.

시스템 5: 평균회귀 하이 ADX 리버설 롱

(Long Mean Reversion High ADX Reversal)

- **목표**: 상승 추세이지만 대량 매도가 발생해(여기가 매수해야 하는 지점이다) 일시적으로 가격이 하락하고 다시 평균으로 돌아가려는 주식을 매수한다. 이런 점에서 평균회귀 숏과는 분명히 다른 시

스템이다.

- **믿음**: 대량 매도 후 주식은 평균으로 회귀하고 다시 상승하기 시작한다.
- **투자 대상**: 나스닥, 뉴욕증권거래소, 아멕스의 모든 종목에 투자한다.
- **필터**
  - 최근 50일 기준 일평균 거래량이 최소 50만 주 이상이어야 하고, 최근 50일 기준 일평균 거래 금액이 최소 250만 달러 이상이어야 한다. 통합된 이 2개의 필터를 통해 저가주를 매매할 때 충분한 거래량을 확보할 수 있다.
  - ATR은 4 이상이어야 한다. 며칠만 투자하는 단기 매매이고 평균회귀 시스템이기 때문에 변동성이 큰 주식을 거래한다.
- **설정**
  - 종가는 100일 단순이동평균과 최근 10일의 1ATR보다 위에 있어야 한다. 의미 있는 상승 추세를 잡아내기 위한 조건이다.
  - 7일 ADX가 55보다 커야 한다. 이는 움직임의 강도가 크다는 것을 의미한다.
  - 3일 RSI가 50보다 작아야 한다. 이는 중간 강도의 눌림목을 의미한다.
- **순위**: 7일 ADX가 가장 높은 순으로 순위를 부여한다.
- **시장 진입**: 직전 종가보다 최대 3% 낮은 가격으로 매수한다. 이 시스템에서는 큰 추세 상승 중에 일시적으로 과매도된 주식을 찾는

다. 전일 종가보다 3% 정도 하락한 주식을 매수하고 평균으로 회귀하려는 움직임을 포착해 수익을 창출한다. 상승 추세 중에 3% 하락하는 종목이 흔한 것은 아니기 때문에 이 시스템에서는 거래가 드물게 이루어진다. 10종목 주문을 냈는데 3~4종목만 체결될 수도 있다.

- **손절매**: 매수 당일, 체결 가격을 기준으로 최근 10일 ATR의 3배 아래에 손절매를 설정한다. 범위가 큰 손절매이지만, 주식이 다시 반등하기 전에 좀더 하락할 여유를 줄 필요가 있다. 이렇게 하면 주가가 평균으로 돌아가기 전에 매도돼 물량을 뺏기는 일을 방지할 수 있다.
- **시장 재진입**: 재진입할 수 있다.
- **수익 보호**: 수익 보호를 하지 않는다.
- **차익 실현**
  - 종가가 최근 10일의 1ATR보다 높으면 다음 날 장 시작 때 시장가로 매도한다.
  - 시간 기준: 6거래일 후에도 아직 매도하지 않았고 목표 수익도 달성하지 못했을 경우, 그다음 날 장 시작 때 시장가로 매도한다.
- **포지션 크기**: 포지션별 총자산 대비 2%의 위험, 총자산 대비 최대 10%의 자산 배분

표 9-2 › 평균회귀 하이 ADX 러버설 롱 시스템의 성과

1995년 1월 2일 ~ 2019년 7월 24일	투자 시스템
연복리수익률	17.24%
최대 손실폭	17.39%
연간 변동성	12.66%
샤프	1.36
MAR	0.99
승률	57.52%
승/패	0.97
총수익률	**4,863.33%**

그림 9-2 › 평균회귀 하이 역ADX 롱 시스템의 수익곡선

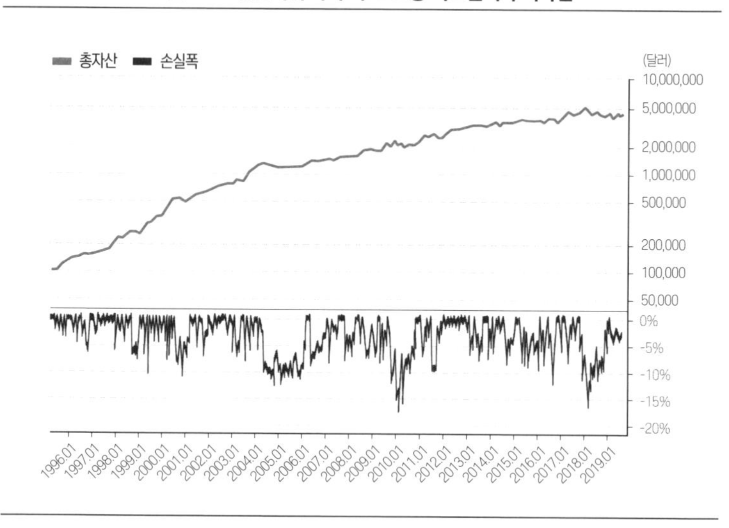

평균회귀 시스템은 추세추종 시스템보다 손실폭이 더 작은 경향이 있다. 이 시스템은 0.99의 MAR, 17.24%의 연복리수익률과 17.39%의 최대 손실폭을 기록했다.

시스템 6: 평균회귀 6일 급등 숏

(Short Mean Reversion High Six-Day Surge)

- **목표**: 단기 급등한 주식에서 수익을 추구하는 두 번째 평균회귀 숏 시스템으로, 평균회귀 단일 숏 시스템과는 겹치지 않는다. 이 시스템은 강세장에서는 손실이 발생할 수 있지만 횡보장과 약세장에서는 매우 잘 돌아간다.
- **믿음**: 주가가 과도하게 상승하면 높은 확률로 평균 가격으로 회귀하려고 한다.
- **투자 대상**: 나스닥, 뉴욕증권거래소, 아멕스의 모든 종목에 투자한다.
- **필터**
  - 최소 주가는 5달러 이상이어야 한다.
  - 최근 50일 기준 일평균 거래 금액이 최소 1,000만 달러 이상이어야 한다.
- **설정**
  - 주가가 최근 6거래일 동안 최소 20% 상승한 종목이어야 한다.
  - 직전 2일 동안 주가가 상승한 종목이어야 한다.
  - 이 2개의 지표는 해당 주식의 인기가 매우 높아 매수 압박이 크다는 것을 의미한다.
- **순위**: 6일 동안 가격이 가장 많이 오른 종목 순으로 순위를 부여한다.
- **시장 진입**: 직전 종가보다 최대 5% 높은 가격에 지정가로 공매도한다. 포지션을 취하기 전에 일중 매매에서 5% 이상 상승할 종목

을 찾는다.

- **손절매**: 진입 당일, 체결 가격을 기준으로 최근 10일 ATR의 3배 위 지점에 손절매를 설정한다.
- **시장 재진입**: 재진입할 수 있다.
- **수익 보호**: 단기 매매이므로 수익 보호를 하지 않는다.
- **차익 실현**
  - 5%의 수익이 나면, 다음 날 장 마감 때 시장가로 환매한다.
  - 또는 시간 기준으로 3거래일 후 장 마감 때 시장가로 환매한다.
- **포지션 크기**: 투자자산 대비 2%의 위험, 단일 매매에 사용하는 시스템 자산의 최대 10% 배분

표 9-3 › 평균회귀 6일 급등 숏 시스템의 성과

1995년 1월 2일 ~ 2019년 7월 24일	투자 시스템
연복리수익률	19.27%
최대 손실폭	32.40%
연간 변동성	14.18%
샤프	1.36
MAR	0.59
승률	60.92%
승/패	0.59
총수익률	**7,480.28%**

그림 9-3 › 평균회귀 6일 급등 숏 시스템의 수익곡선

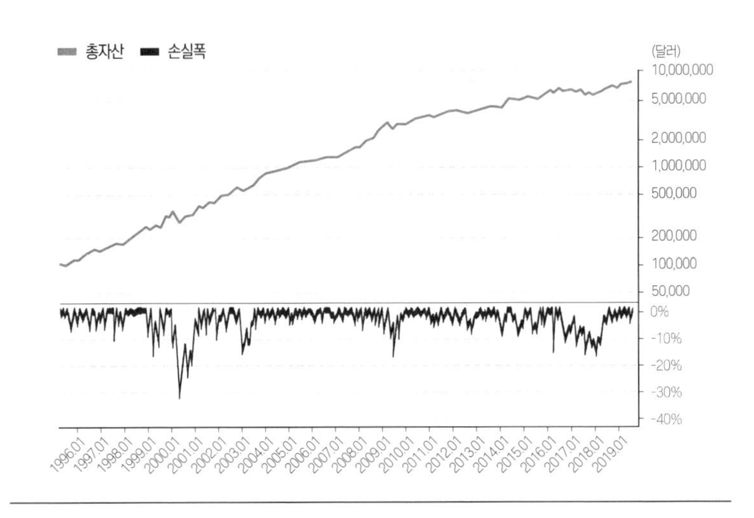

이 시스템은 19%의 견실한 수익률을 보인다. 보다시피 최대 손실폭은 32%로 바로 직전에 살펴본 시스템보다는 크다. 그러나 이 시스템에서 손실이 발생해도 강세장 시스템에서 수익이 나기 때문에 이것은 문제가 되지 않는다. 백테스트 결과에 따르면 2000년 닷컴 강세장의 정점일 때 모든 롱 시스템이 큰 수익을 냈지만 이 시스템은 큰 손실을 기록했다. 반면 2008~2009년 약세장에서는 큰 수익을 거두었다.

주의사항

여러 개의 시스템을 통합하기 때문에 비정상적인 시장 상황에서는 시스템들이 서로 동조화될 수 있다는 점을 명심해야 한다. 이를테

면 다음과 같은 상황이다.

추세추종처럼 같은 방향성과 같은 스타일로 매매하는 여러 개의 시스템을 구축할 수 있다. 그 시스템들은 강세장과 횡보장에서는 서로 다른 시기에 수익과 손실을 기록하면서 전체적으로는 수익을 창출하기 때문에 서로 연관성이 없을 수 있다. 그러나 엄청난 투매가 발생하면 모든 시스템이 서로 밀접하게 연관돼 손실폭을 키울 수 있다. 롱 시스템으로만 구성된 시스템으로 자산을 보호하려고 생각하지 말고 반드시 숏 매매를 시스템에 포함시켜야 한다.

6개 시스템을 통합하면 어떤 결과가 나올까?

<표 9-4>와 <그림 9-4>는 6개의 시스템을 통합한 결과를 보여준다. 100% 롱과 100% 숏을 동시에 운용하기 때문에 특정일에 100% 이상의 롱과 100% 이상의 숏이 가동되는 경우는 발생하지 않는다.

- **4개의 롱 시스템**
  - 2개의 추세추종 시스템
    - › 시스템 1: 트렌드 하이 모멘텀 롱(매매 자본의 25%)
    - › 시스템 4: 트렌드 저변동성 롱(매매 자본의 25%)

- 2개의 평균회귀 시스템
  - 시스템 3: 평균회귀 셀오프 롱(매매 자본의 25%)
  - 시스템 5: 평균회귀 하이 ADX 리버설 롱(매매 자본의 25%)

- **2개의 숏 시스템**
  - 시스템 2: 평균회귀 단일 숏(매매 자본의 50%)
  - 시스템 6: 평균회귀 6일 급등 숏(매매 자본의 50%)

표 9-4 › 6개 시스템을 통합했을 때의 성과

1995년 1월 2일 ~ 2019년 7월 24일	멀티 투자 시스템	SPY
연복리수익률	35.30%	8.02%
최대 손실폭	11.30%	56.47%
연간 변동성	12.18%	18.67%
샤프	2.90	0.43
MAR	3.12	0.14
벤치마킹 대상과의 일 수익 상관성	0.26	N/A
총수익률	**167,592.19%**	**562.51%**

1995년부터 2019년까지 벤치마킹 대상인 S&P500의 연복리수익률은 8%, 최대 손실폭은 56%, 최장 하락 기간은 86개월이었음을 상기해보자.

그와 비교해 6개의 시스템을 통합한 멀티 투자 시스템은 35%의 연복리수익률, 11%의 최대 손실폭을 기록했다. 변동성은 벤치마킹 대상(18.67%)의 3분의 2인 12%에 불과했으며, 그 밖에 최장 하락 기

그림 9-4 › 6개 시스템을 통합했을 때의 수익곡선

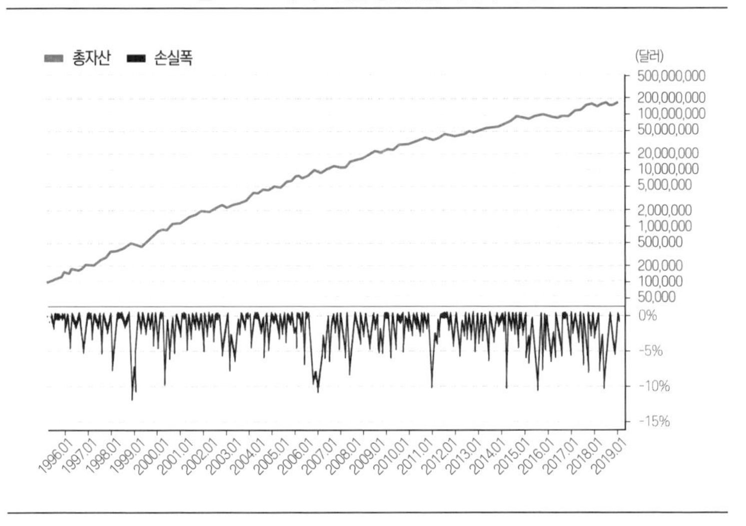

그림 9-5 › 시스템별 수익곡선

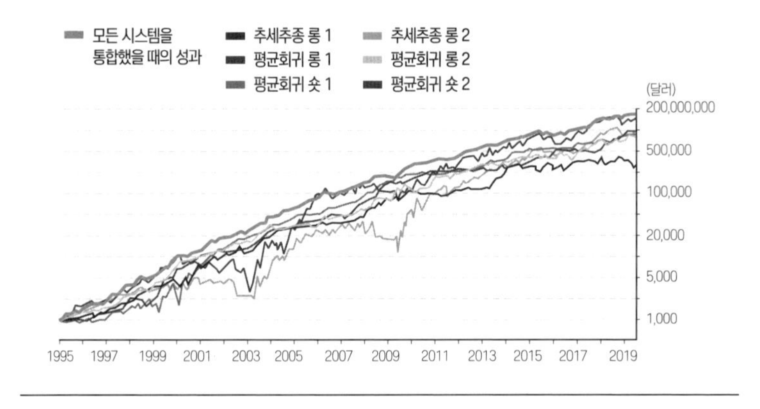

간이 11개월로 나타났다.

이 같은 결과는 제8의 불가사의라고 할 만하다. 개별 투자 시스템 여러 개가 통합되면 시장 상황과 관계없이 수익곡선을 향상시키고 지속적인 성과를 창출한다는 것은 정말 놀라운 발견이라고 할 수 있다.

〈표 9-5〉는 수익이 얼마나 지속적으로 발생하는지를 보여준다. 수익이 발생한 달이 훨씬 많고, 최악의 손실이 난 때는 1998년 8월

표 9-5 › 6개 시스템을 통합했을 때의 월간 성과

	1월	2월	3월	4월	5월	6월	7월	8월	9월	10월	11월	12월	연간	SPY	비교
1995	1.34	1.19	5.17	0.52	5.57	4.67	2.65	5.36	10.33	-2.29	4.60	1.51	48.28	35.16	13.12
1996	2.81	5.54	2.96	2.62	1.69	0.49	-0.08	-1.16	4.55	4.38	2.22	0.84	30.14	20.31	9.82
1997	7.43	3.47	3.12	9.88	1.96	8.57	5.22	1.69	4.62	0.58	5.75	4.45	73.38	31.39	42.00
1998	2.52	7.53	4.28	9.60	1.01	6.03	0.27	-7.56	6.50	-2.58	4.31	4.71	41.76	27.04	14.72
1999	7.07	6.04	4.94	8.54	7.07	3.41	4.68	8.11	1.79	5.46	2.89	2.57	83.58	19.11	64.47
2000	-2.44	4.60	8.45	2.95	7.25	-3.22	3.92	1.24	6.07	7.17	6.49	7.39	61.73	-10.68	72.41
2001	0.59	6.40	3.63	4.12	5.15	0.52	4.46	1.74	-1.09	3.10	2.42	3.70	40.49	-12.87	53.36
2002	3.66	3.04	1.52	4.08	3.57	1.65	1.18	2.65	0.59	-3.35	-0.05	1.20	21.36	-22.81	44.17
2003	-0.15	2.80	4.17	2.15	7.22	14.02	5.09	4.03	6.45	3.11	5.91	5.06	78.32	26.12	52.20
2004	7.72	2.07	-0.27	-1.54	1.17	3.38	-1.17	2.70	3.10	2.92	7.41	2.55	33.58	8.94	24.64
2005	0.83	8.34	3.62	-1.32	5.64	4.10	3.82	0.38	3.09	1.50	6.04	1.05	42.13	3.01	39.12
2006	4.31	-1.13	7.26	3.21	6.01	-2.20	-1.78	-0.05	-0.79	1.81	2.48	0.80	21.23	13.74	7.49
2007	3.46	-1.60	-0.86	5.63	3.51	0.94	-0.01	8.56	4.99	8.48	-1.36	8.47	47.37	3.24	44.13
2008	-3.38	5.80	1.93	2.72	3.63	4.58	6.49	1.63	2.73	1.67	3.50	4.85	42.28	-38.28	80.56
2009	2.41	1.06	0.80	5.58	0.16	-1.56	0.75	3.68	7.39	0.50	1.44	2.41	26.85	23.49	3.53
2010	-1.45	3.55	2.55	5.76	-1.89	1.33	3.02	-1.55	6.18	3.52	2.44	0.53	26.32	12.84	13.48
2011	-0.37	1.96	2.00	-0.78	3.26	1.21	2.15	-4.26	0.41	5.23	1.96	1.67	15.08	-0.20	15.28
2012	2.46	2.90	3.72	2.20	2.23	-1.80	-0.20	0.79	3.28	-0.90	1.94	0.24	18.04	13.47	4.57
2013	5.76	0.65	1.25	1.62	8.82	-1.88	1.80	0.67	4.84	1.94	4.21	-3.09	29.40	26.69	-0.29
2014	-0.04	8.79	5.13	3.83	1.00	1.28	0.37	3.20	-4.33	1.15	5.12	4.73	34.00	11.29	22.71
2015	1.92	1.42	2.86	-3.73	4.28	0.71	2.10	0.11	-2.01	0.48	3.00	-0.20	11.23	-0.81	12.04
2016	-3.88	0.54	3.70	-0.36	-1.38	6.16	-0.53	-3.57	0.97	-0.38	5.53	5.79	12.59	9.64	2.94
2017	1.29	-1.02	4.32	0.88	3.90	-2.36	1.89	4.28	4.78	6.05	2.31	0.38	29.81	19.38	10.42
2018	8.64	-2.91	-2.36	0.99	6.05	0.24	2.62	2.85	4.08	-5.95	2.26	-2.26	14.18	-6.35	20.53
2019	2.51	3.42	6.00	-2.31	-2.44	2.98	5.05						15.85	20.61	-4.76

이었다. 이것은 수익이 향상된 수익곡선의 또 다른 예시다. 통합된 시스템은 약세장에서 크게 하락하는 수익곡선의 변동성을 완화하지만, 강세장에서는 주가지수를 능가하지 못할 수도 있다.

10장

미지의 위험에 대비하라: 시스템 7

24년간의 데이터를 가지고 백테스트를 했지만 그것이 미래에 발생할 일을 정확히 예측한다는 것을 의미하진 않는다! 과거에 대해서는 완벽하게 설명할 수 있고 매우 잘 들어맞는다. 그러나 우리가 분석한 24년간의 데이터에는 과거에 발생했고 앞으로도 발생할 수 있는 1929년 대공황과 1987년 대폭락 같은 시나리오가 포함되어 있지 않다.

투자를 시작하자마자 〈그림 10-1〉부터 〈그림 10-3〉과 같은 상황이 발생했다고 해보자. 참고로, 〈그림 10-2〉는 인플레이션을 반영하지 않은 결과다.

그림 10-1 » S&P500, 대공황으로 86% 하락(1929~1932)

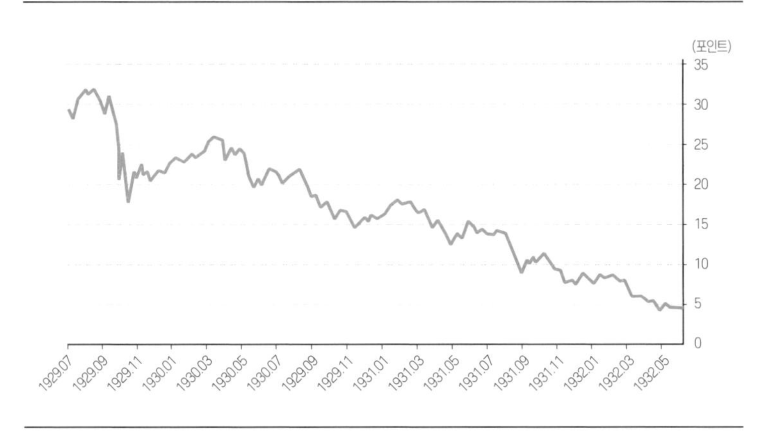

그림 10-2 » S&P500 상승 시대(1968~1982)

그림 10-3 › S&P500 대폭락(1987)

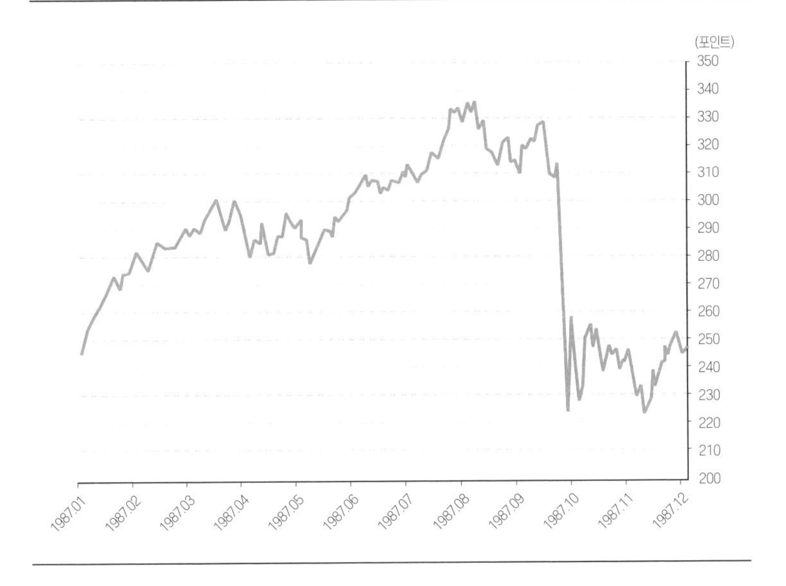

이번에는 다음 페이지의 〈그림 10-4〉를 보면서 이 3개의 그래프와 비교해보자. 어떤가. 비슷해 보이는가?

참고로, 〈그림 10-4〉의 백테스트 기간은 1995년부터 2019년까지다.

그림 10-4 → S&P500(1995~2019)

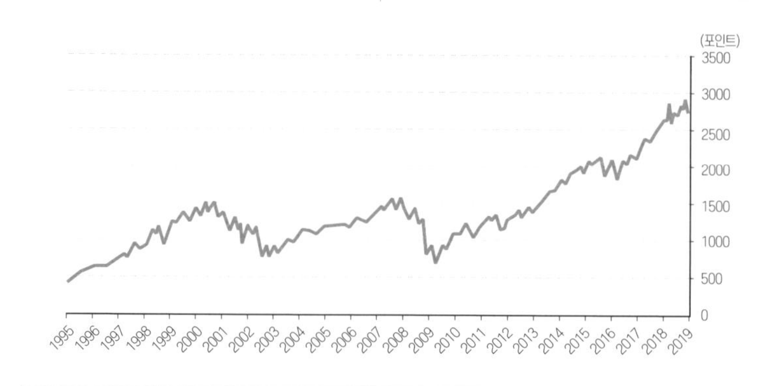

아직도 위험이 남아 있다

두말할 것도 없이, 실제 일어난 일과 우리가 백테스트한 결과는 완전히 다르다. 우리는 강세장을 대변하는 상황을 선정해 백테스트를 했을 뿐이다. 미래는 아마 완전히 다를 것이다. 그러므로 우리는 무슨 일이 발생할 것인지 근원적인 관점에서 생각할 필요가 있다. 약세장에서 자산을 보호하기 위해 숏, 즉 공매도 시스템을 사용하지만 우리는 여전히 다음과 같은 위험에 노출되어 있다.

- 첫 번째는 정부가 개별 주식에 대한 공매도를 금지할 위험이다.
- 두 번째는 주식중개인이 공매도할 주식을 확보하지 못할 위험이다.

- 마지막으로, 아직 고려하지 않은 시장 하락 모멘텀에 대한 위험이다.

현재 우리가 사용하는 공매도 시스템은 평균회귀 숏 시스템이다. 이 시스템으로 숏 매매를 하기 위해서는 과매수 상태라는 조건이 충족돼야 한다. 그래야 큰 수익을 확보할 수 있다.

만약 과매수 상태가 발생하지 않으면 어떻게 될까? 다시 말해, 시장에서 투매가 발생해 주가가 계속 하락하기만 한다면 어떻게 될까? 이런 일은 충분히 발생할 수 있고, 실제로 1929년과 1987년의 대폭락장이 이런 상태였다.

문자 그대로 시장이 계속 폭락해 우리는 어떤 포지션도 취할 수 없고, 따라서 롱 포지션에서 발생한 손실을 메울 가능성도 없다. 평균회귀 숏 시스템이 이익을 볼 수 있는 과매수 상황이 전혀 발생하지 않아 숏 포지션에서 수익을 내지 못하기 때문이다.

이런 상황이 발생할 가능성은 그렇게 크지 않다.

> 하지만 준비를 하지 않으면
> 상황이 실제로 벌어졌을 때
> 엄청나게 후회하게 될 것이다.

이것이 우리가 구축할 시스템의 마지막 퍼즐 조각이다.

장기 추세추종 숏

이 시스템에서는 시장이 하락 추세이고 명백한 하락 모멘텀이 감지되면 숏 포지션으로 진입한다. 시장에서 투매가 발생하면 시스템을 운용해 큰 수익을 확보할 수 있다. 그러나 대부분 사람은 백테스트 결과가 별로 좋지 않기 때문에 추세추종 숏 시스템을 좋아하지 않는다. 사실 추세추종 숏 시스템의 성과가 그처럼 나쁘게 나오는 이유는 백테스트 기간이 강세장이기 때문이다.

이 시스템의 가치를 평가하기 위해서는 당신의 생각을 바꿔야 한다. 이 시스템이 정기적으로 수익을 창출할 거라고 기대하는 대신, 적은 금액의 보험료를 부담하되 절대 이용할 일이 없기를 희망하는 건강보험과 비슷하다고 생각해야 한다. 그런데 언젠가 건강보험이 필요해졌을 때, 당신이 이미 보유하고 있다면 매우 기쁠 것이다.

우리가 실시한 백테스트의 결과는 롱 모멘텀 시스템에 유리하지만 미래는 완전히 다를 수 있다. 우리에겐 보험과 같은 시스템이 필요하다. 최근 백테스트 결과를 보면 장기 추세추종 숏 시스템은 손손실을 기록했고, 실제 매매에서도 그런 결과가 나왔다. 그러나 시장의 붕괴에 필적하는 재난과 같은 사건이 발생했을 때 이 시스템을 보유하고 있으면 당신은 매우 행복할 것이다.

이 시스템의 목표는 수익 창출이 아니기 때문에 이 시스템에서 성과는 고려하지 않는다.

> 이 시스템의 목표는
> 롱 시스템에서 확실히 손실이 발생하고
> 평균회귀 숏 시스템이 가동되지 않는 특별한 시장 상황일 때
> 수익을 창출하는 것이다.

건강보험료처럼 해마다 약간의 손실이 발생한다. 그러나 이처럼 매년 일정 금액을 지불함으로써 최악의 상황이 발생했을 때 그것을 담보로 살아남을 수 있다.

시스템 7: 재난 회피
(The Catastrophe Hedge)

- **목표**: 숏 포지션을 운용해야 하는 확실한 하락 모멘텀이 발생했을 때 숏 포지션으로 진입한다. 반드시 유동성이 매우 높은 투자 대상을 선정해야 하며, 주식에서 숏 포지션을 취할 수 없는 경우에는 파생상품으로 대체할 수 있다. 이 시스템의 핵심적인 목표는 시장의 하락 모멘텀이 확실할 때 수익을 창출하는 것이다.
- **믿음**: 엄청난 투매로 인해 발생하는 시장 폭락에서 자산을 보호해줄 시스템이 필요한 상황이 반드시 닥친다. 평생 주식 시장에서 이런 재난을 몇 번은 경험하게 될 것이므로 그 상황에 대비해야 한다. 롱 포지션에 대한 보험이 필요하다. 이 시스템은 대부분

의 시장 상황에서는 수익이 발생하지 않고 심각한 하락장에서만 수익이 발생하기 때문에 이 시스템의 개별 성과는 시스템 전체와 연관성이 별로 없다.

- **투자 대상**
  - S&P500지수를 추종하는 ETF인 SPY에 투자한다. 이는 가장 유동성이 큰 투자 대상 중 하나다.
  - 숏 진입이 불가능할 정도로 극한 상황일 때는 같은 방향성의 선물, 옵션 같은 다양한 파생상품을 이용할 수 있다.
- **필터**: 사용하지 않는다.
- **설정**: SPY의 종가가 최근 50일 중 가장 낮아야 한다.
- **순위**: 사용하지 않는다.
- **시장 진입**: 다음 날 장 시작 때 시장가로 진입한다.
- **손절매**: 진입 당일, 체결 가격을 기준으로 최근 40일 ATR의 3배 위 지점에 설정한다.
- **수익 보호**: 하지 않는다.
- **차익 실현**: SPY의 종가가 최근 70일 중 가장 높을 때까지 숏 포지션을 유지하고, 그다음 날 장 시작 때 시장가로 환매한다.
- **포지션 크기**: 이번 예시에서는 오직 1개의 종목만 있기 때문에 단순히 총자산의 100%로 설정한다. 실제 멀티 투자 시스템에서는 총자산의 100%를 사용하지 않을 것이다.

앞서 설명한 것처럼, 이 시스템의 성과는 얼핏 보면 매우 안 좋지만, 지난 24년 동안 건강보험료를 납부한 것으로 생각하면 된다.

표 10-1 › 재난 회피 시스템의 성과

1995년 1월 2일 ~ 2019년 7월 24일	투자 시스템	SPY
연복리수익률	-4.81%	8.02%
최대 손실폭	70.24%	56.47%
연간 변동성	11.97%	18.67%
샤프	-0.40	0.43
MAR	-0.07	0.14
총수익률	**-70.17%**	**562.51%**

이 시스템의 개념을 이해하지 못하면, 이 시스템의 강점이 무엇인지도 알 수 없을 것이다. 그렇다면 〈그림 10-5〉의 수익곡선을 한번 보기 바란다.

그림 10-5 › 재난 회피 시스템의 수익곡선

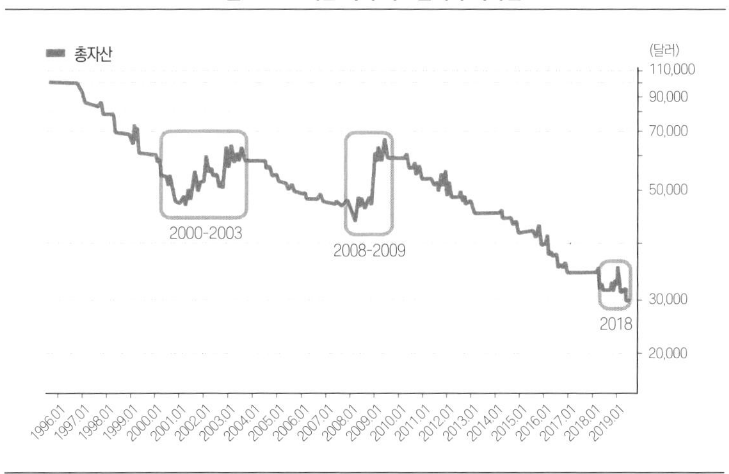

박스로 표시된 부분을 보면 위기 상황일 때 이 시스템에서 수익이 발생한 것을 분명히 볼 수 있다.

한발 더 나아가 훨씬 이전인 1927년부터 백테스트한 결과를 보자. 당시에는 ETF가 없었기 때문에 SPY의 성과를 사용할 수 없다. 그래서 S&P500지수에 투자했을 때를 가정했다.

그림 10-6 › 재난 회피 시스템의 수익곡선(1927~2019)

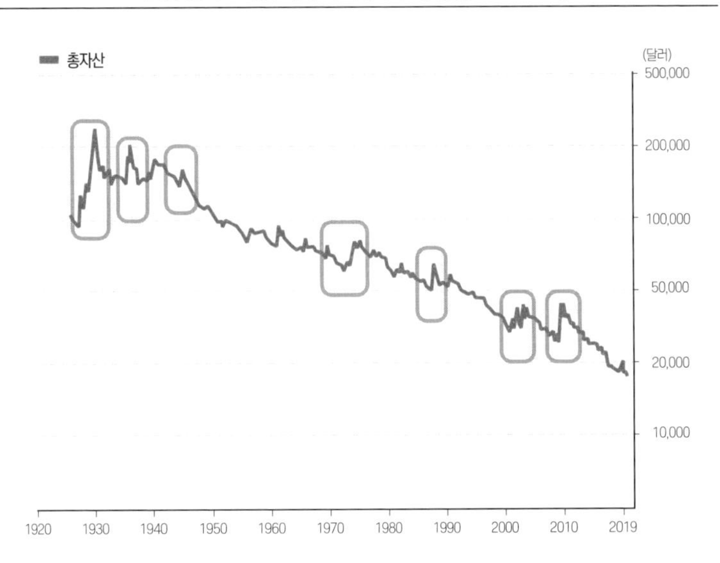

다시 한번 우리는 동일한 패턴을 확인할 수 있다. 수익이 발생하는 상황이 될 때까지는 계속 손실이 발생한다.

〈표 10-2〉는 해당 기간의 상위 15개 매매 성과를 정리한 것이다. 그리고 〈표 10-3〉에서는 가장 수익이 높았던 상위 14개 연도

의 매매 횟수와 수익률을 보여준다.

표 10-2 ➔ 재난 회피 시스템의 상위 15개 매매 성과

매수 날짜	매수 가격(달러)	매도 날짜	매도 가격(달러)	수익(%)
1931.04.16	15.98	1932.03.07	8.82	44.2
2008.06.23	1,318.00	2009.05.04	907.24	30.4
1937.09.02	15.36	1938.06.23	11.03	27.7
1973.11.15	102.43	1975.01.28	76.03	25.8
1929.10.22	28.27	1930.02.05	23.31	17.9
2000.10.09	1,402.03	2001.12.06	1,167.10	16.5
1941.10.08	9.98	1942.06.05	8.37	16.0
1987.10.13	314.52	1988.02.22	265.64	15.7
1932.04.01	7.18	1932.08.01	6.11	14.6
1946.07.16	17.97	1946.12.20	15.50	13.7
1940.05.11	11.80	1940.08.12	10.38	12.0
1962.04.13	67.90	1962.11.15	59.97	11.7
1957.08.07	47.03	1958.01.30	41.68	11.4
1930.09.26	19.43	1931.02.11	17.28	10.9
2002.06.04	1,040.69	2003.05.05	926.55	10.6

표 10-3 ➔ 재난 회피 시스템에서 가장 수익이 높았던 해

매매 횟수	연도	수익(%)
1	1931	36.40
1	2008	31.80
1	1974	27.00
3	1937	26.20
1	1929	19.10
3	1930	19.00

매매 횟수	연도	수익(%)
1	1987	18.00
2	1941	12.90
1	1957	12.00
1	2001	10.20
2	1962	9.30
3	1946	8.10
1	2018	7.00
2	1973	5.90

지금까지 살펴본 대로 이 시스템은 필요한 상황일 때는 엄청나게 유용하지만, 그 대신 비용이 발생한다. 다시 말해, 오랜 기간 손실이 발생한다. 실제로 백테스트를 해본 결과 전체 매매의 14%만 수익이 발생했고 나머지는 다 손실이었다. 대부분 기간에 손실이 발생했다는 얘기다.

우리의 전략은 기존의 6개 시스템과 이 시스템을 통합하는 것이다. 이번 예시에서는 평균회귀 숏 시스템에 분배된 자산을 줄이고, 그것을 재난 회피 시스템으로 옮겨 숏 시스템에 배정된 자산의 20%를 배분했다.

1929년, 1987년, 2008년에 그랬던 것처럼 시장이 무섭게 폭락할 때는 많은 롱 포지션이 청산된다. 그렇다고 해도 전부 청산되는 것은 아니기 때문에 이 정도의 자산 배분에 만족한다. 게다가 우리가 롱 포지션에 모든 자산을 투자하는 것은 아니기 때문에 재난 회피 시스템에 너무 많은 자산을 배분할 필요는 없다.

7개 시스템을 모두 통합한다면 어떤 결과가 나올까?

다음은 시스템 간 자산을 배분하는 방법이다.

- **4개의 롱 시스템**
  - 2개의 추세추종 시스템
    - 시스템 1: 트렌드 하이 모멘텀 롱(매매 자본의 25%)
    - 시스템 4: 트렌드 저변동성 롱(매매 자본의 25%)
  - 2개의 평균회귀 시스템
    - 시스템 3: 평균회귀 셀오프 롱(매매 자본의 25%)
    - 시스템 5: 평균회귀 하이 ADX 리버설 롱(매매 자본의 25%)
- **3개의 숏 시스템**
  - 2개의 평균회귀 시스템
    - 시스템 2: 평균회귀 단일 숏(매매 자본의 40%)
    - 시스템 6: 평균회귀 6일 급등 숏(매매 자본의 40%)
  - 1개의 추세추종 시스템
    - 시스템 7: 재난 회피 시스템(매매 자본의 20%)

〈표 10-4〉는 재난 회피 시스템을 포함한 7개 시스템을 모두 통합했을 때의 성과를 보여준다.

표 10-4 » 7개 시스템을 통합했을 때의 성과

1995년 1월 2일 ~ 2019년 7월 24일	멀티 투자 시스템	SPY
연복리수익률	30.44%	8.02%
최대 손실폭	11.83%	56.47%
연간 변동성	11.22%	18.67%
샤프	2.71	0.43
MAR	2.57	0.14
총수익률	**68,115.39%**	**562.51%**

9장 마지막에서 살펴본 6개 시스템을 통합했을 때의 성과와 비교해보면, 최대 손실폭이 조금 증가했는데도 연복리수익률은 얼추 비슷한 것을 볼 수 있다. 평균회귀 시스템이 약세장에서 수익을 잘 창출한 덕분이다.

앞으로 예상치 못한 재난을 마주하거나, 주식을 매도할 수 없는 상황이거나, 1929~1932년의 대공황 또는 1987년의 대폭락과 같은 폭락장을 경험하게 되면 통합 투자 시스템에 재난 회피 시스템을 포함한 것을 매우 기뻐하게 될 것이다.

돈 걱정 없이 삶을 누릴 수 있는 자유

이 책을 주의를 기울여 읽었다면 내가 설명한 투자 성과들이 교묘한 속임수가 아니라는 것을 이해했을 것이다. 지금까지 이야기한 내용은 당신이 앞으로 지속적으로 투자할 시스템을 구축함으로써 현실로 만들 수 있다. 서로 상관관계가 없는 여러 개의 투자 시스템을 통합하는 전략은 당신이 시장에서 오래 살아남아 인생 목표와 재무 목표를 달성하도록 도와준다. 더 중요한 사실은, 투자를 하는 과정의 고통과 걱정을 줄여준다는 것이다.

과거의 종가 데이터를 토대로 백테스트를 거치면서 다듬어나가는 멀티 투자 시스템에는 엄청나게 많은 장점이 있다. 나의 경험과 나에게 배운 학생들의 경험으로 미루어 볼 때, 대표적인 장점들은 다음과 같다.

- 온종일 모니터를 쳐다볼 필요가 없다. 시장이 열리기 전에 당일 주문을 내면 그것으로 끝이다. 운용하는 시스템의 수에 따라 다

르긴 하지만, 주문을 내는 것은 하루에 10분에서 1시간이면 충분하다.

- 투자 스타일, 투자 상황 및 위험 감내 수준을 잘 반영하는 시스템이 완전히 구축되면 투자 대상을 찾고 매매를 체결하는 것까지 모든 일을 컴퓨터가 한다. 투자의 많은 부분이 자동화되므로 인생을 자유롭게 즐길 수 있다.
- TV나 신문, 인터넷에서 뉴스를 확인할 필요가 없다.
- 경제가 좋든 나쁘든 늘 돈을 벌기 때문에 국가의 경제 상황을 걱정할 필요가 없다.
- 투자하는 회사의 펀더멘털에 주의를 기울일 필요가 없다. 달리 말하면 해당 주식의 전망이 좋다거나 회사가 어려움에 처했다거나 하는 일상적인 노이즈에서 벗어날 수 있다.
- 경제 상황이나 연방준비은행의 경고, 기업의 실적 악화 같은 것이 걱정거리를 만들어내지 않기 때문에 제대로 된 인생을 살 수 있다. 장이 열리기 전에 시스템이 알려주는 방향과 전략을 그대로 추종해 매매를 마무리하고, 나머지 시간에는 내가 하고 싶은 것을 하면 된다.
- 스스로 이해할 수 있고 신뢰할 수 있는 시스템을 구축했기 때문에 투자에 대한 걱정이 사라진다. 시장의 움직임에 대한 걱정이 놀랄 만큼 줄어든다. 사실 나에게 시장 움직임은 큰 의미가 없다. 강세장, 약세장, 횡보장에서 걱정 없이 편안하게 돈을 벌 수 있기 때문이다.

- 나의 위험 감내 수준 범위 내에서 연간 두 자릿수의 수익을 지속적으로 창출할 수 있다.
- 시장의 손실폭보다 훨씬 낮은 손실을 보인다. 나의 손실률은 시장평균보다 3배 정도 낮다. S&P500, 워런 버핏, 그 외 유명한 투자자들도 모두 50% 이상의 손실을 경험했다. 하지만 나는 위험 감내 수준에 따라 시장의 폭락에 크게 영향을 받지 않으면서도 시장 수익률 이상의 수익을 확보할 수 있다.

마지막으로, 이 책에서 언급한 접근법은 마음의 평화를 가져온다. 처음에는 쉽지 않다. 할 일이 엄청나게 많기 때문이다. 하지만 그 과정을 지나면 마음 편안한 투자수익과 돈 걱정 없는 삶이라는 열매가 열린다.

이 방법은 대충대충 할 수 없다. 여기에 완전히 몰두해야 하며 낙담의 시기를 거쳐야 한다. 많은 투자자가 자신들이 감당할 수 없는 고통이 찾아올 때 이성을 잃고 시장을 떠나며, 그 때문에 투자 실패자로 남는다. 내가 설명한 내용을 이해했고 컴퓨터 프로그래밍에 익숙하다면, 한시라도 서둘러 당신만의 시스템을 구축하기를 바란다. 나와 나의 학생들이 그랬던 것처럼 당신 또한 성공적인 투자자가 될 것이다.

하지만 아마도 이 책에서 설명한 모든 것을 혼자서 하기에는 시간도 오래 걸리고 너무 복잡하다고 느껴질지도 모른다. 시행착오를 거치는 데에만 몇 년이 걸릴 수도 있다. 또는 내가 설명한 개념을 신뢰하지만 자신만의 투자 시스템을 개발할 시간과 기술이 없거나 일에 치여서 아무것도 하기 싫은 기분이 들지도 모르겠다. 그런 독자라면 내가 운영하는 웹사이트를 방문해 도움을 요청하기 바란다 (tradingmasteryschool.com).

멀티 투자 시스템을 통한 투자는 마술이 아니다. 오히려 적절한 방식으로 투자하면 적절한 결과가 나오는, 아주 당연한 일이다. 특정한 시장의 움직임에 따라 자신만의 강점을 발휘하는 각각의 시스템이 통합되면, 수익은 높이고 위험은 줄이며 마음을 편안하게 해준다.

이렇게 좋은 것을 누가 마다하겠는가?

나는 성공한 사람이란 자신을 후원해주는 위대한 파트너를 만나 위대한 결혼 생활을 영위하는 사람이라고 믿는다. 그런 점에서 나는 성공한 사람이라고 자신한다. 아내 마들렌은 내 삶에 큰 영향을 준다. 그녀가 나를 너무나도 잘 이해하고 있기 때문에 나는 인생을 낙관적으로 바라볼 수 있고 늘 자유롭다고 느낀다. 마들렌은 내가 의심이나 불확실성 앞에서 헤맬 때 다시 앞으로 나갈 수 있게 해주었다. 깊은 사랑을 전한다.

출판사인 스크라이브 미디어Scribe Media에도 감사드린다. 전체 팀이 엄청난 작업을 해냈다. 나의 개인적인 스타일은 그대로 살려둔 채 나의 생각과 아이디어를 독자들이 쉽게 이해할 수 있도록 탈바꿈시켜준 언어의 마술사, 할 클리퍼드에게 특히 감사드린다. 그는 이 책을 만드는 동안 초인적인 인내심을 보여줬고, 내가 옆길로 샐 때마다 다잡아주었으며, 생뚱맞은 아이디어를 보여줄 때도 전혀 불평하지 않았다. 그는 진정한 조력자이자 이 책에 최상의 내용을 담기 위해 같이 노력한 생각의 파트너다.

톰 바소는 초고를 주의 깊게 읽고 멋진 조언을 해줌으로써 책 내용을 현저하게 개선해준 나의 친구이자 사업 파트너다. 우리는 여러 세미나를 공동으로 주재한 일을 계기로 함께 일하기 시작했다. 가르치는 즐거움을 그와 공유하는 것은 나에게 너무나도 큰 기쁨이다.

마지막으로 엘리트 멘토링 프로그램Elite Mentoring Program과 퀀텀 마스터 마인드Quantum Mastermind 수업을 듣는 모든 학생에게 감사의 마음을 전한다. 나는 가르치는 것을 좋아하고 투자를 사랑한다. 그러나 투자는 매우 고독한 직업이다. 주변 사람들이 투자에 크게 관심이 없어 내가 좋아하는 주제를 놓고 이야기할 기회가 적었지만, 비슷한 생각을 가지고 있고 우수하고 헌신적이며 투자에 대한 배움에 목말라 있는 학생들을 만나면서 큰 기쁨을 누렸다. 그들은 현명한 질문을 하고 훌륭한 피드백을 주어 나를 더 뛰어난 투자자로 만들어주었다. 그들이야말로 내가 인생을 즐겁게 살아가는 큰 이유다.

'스트레스 없는 투자수익'이라는 신세계

주식 투자를 처음 접했을 때, 그것은 정말 신세계였다. 주식 시장은 경영학을 전공한 나에게 학교에서 배운 모든 이론을 시험해볼 수 있는 기회의 땅이자 황금 도시 엘도라도였다. 기업 분석, 차트 분석, 재무제표 분석, 시장 분석 등 정말 시간 가는 줄 모르고 주식에 대해 공부했고 시장을 연구했다. 투자 대가들의 책을 읽으면서 그들의 전략을 따라 해보고 기술적 분석이라는 이름 아래 다양한 보조지표를 사용하고 분석하면서 나름대로 투자 전략을 구축해보기도 했다. 읽은 책이 50권이 넘어가고 몇 번의 모의 투자에서 좋은 성과를 거두자 자신감이 하늘을 찔렀다. 이제 큰 부자가 될 일만 남았다는 생각으로 완전 무장한 채 그동안 모아둔 돈을 주식에 몽땅 투자했다. 장밋빛 미래가 손에 잡히는 듯했고 하고 싶은 일들이 파노라마처럼 떠올랐다. 이제 불행 끝, 행복 시작이다!

그러나 그동안 들인 시간과 노력, 그리고 엄청난 자신감에 비해 투자 성과는 정말 형편없었다. 내 주위에는 주식 투자로 대박난 사람, 대박까지는 아니어도 돈 번 사람밖에 없었지만 나는 사면 떨어지고 팔면 다시 오르는 신기한 경험을 반복하면서 투자 원금을 계속 까먹었다. 계좌 잔고는 계속 줄어들었고 내가 보유한 종목의 차트는 빨간색은 원래 없는 색인 듯 파란색만 유지했다. 갈수록 불안감이 더해졌다. 손해 본 원금을 회복하기 위해 떠도는 소문에 귀를 기울이기 시작했고, 곧 대박이 난다는 주식에 관심 가졌다. 주식 공부를 하면서 세웠던 투자 원칙이나 전략은 온데간데없이 사라졌다. 손해는 점점 더 커졌다. 이제는 그나마 남아 있는 투자금마저 다 날릴까 봐 더 불안해졌다. 아무것도 하지 않기에는 너무나 초조하고 겁이 나서 '묻지 마 투자'와 단기 투자를 계속했다. 손절매 대신 물타기를 하고, '카더라 통신'만 믿고 부실기업에 투자하는 악순환이 반복됐다. 정신을 차리고 보니 내 손에는 반 토막 난 투자 원금과 휴짓조각이 되어버린 주식만이 남아 있었다. 그렇게 나의 첫 번째 주식 투자는 큰 금전적 손실과 그보다 큰 마음의 상처만 남기고 끝이 났다.

이 책을 번역하면서 '그때의 나에게 이 책이 있었다면 과연 어땠을까?' 하는 상상을 해봤다. 불안과 초조함으로 전전긍긍하면서 오지도 않을 대박을 기다리던 나에게 스트레스 없이 꼬박꼬박 수익이 창출되는 멀티 투자 시스템이 있었다면? 시장의 변화와 근거 없는 뜬소문에 이리저리 휘둘리던 나에게 다양한 상황에 복합적으로 대응할 수 있는 멀티 투자 시스템이 있었다면? 원칙 없이 마구잡이

식으로 투자하고 단기 투자에서 얻을 수 있는 아주 작은 수익에 몰두하던 나에게 단기·중기·장기적 관점에서 원칙을 가지고 투자하는 멀티 투자 시스템이 있었다면? 투자에는 만약이 없다지만, 그래도 이 책이 있었다면 나의 첫 번째 주식 투자는 분명 다른 결과를 안겨주었을 것이다.

이 책에는 자동화된 멀티 시스템 투자로 시장 상황과 상관없이 오랫동안 꾸준한 수익을 창출한 저자의 투자 원칙과 전략이 고스란히 녹아 있다. 저자는 자신만의 투자 원칙과 전략을 결정하고 직접 투자 시스템을 개발해 실제로 시장에서 운용하면서 수정과 보완을 거쳤다. 다양한 투자 시스템을 통합해 복합적으로 운영하는 멀티 투자 시스템을 구축해 상승장, 하락장, 횡보장과 관계없이 시장 평균 수익률을 크게 웃도는 수익을 매년 꾸준히 달성했다. 멀티 투자 시스템의 가장 큰 특징은 시장 환경이나 인간의 감정에 휩쓸리지 않고 미리 설계해둔 투자 원칙에 따라 자동으로 투자한다는 것이다. 멀티 시스템을 통해 위험을 분산하고 자동화 시스템을 통해 투자자의 감정을 배제해 지속적인 수익을 창출하면서 손실을 최소화하는 것이 멀티 투자 시스템의 핵심이다.

저자는 이 책에서 자신이 창안한 멀티 투자 시스템의 개념과 논리, 전략과 방법, 운용과 성과를 아주 쉽고 일목요연하게 설명한다. 또한 실제 시장에서 거래되고 있는 기업과 자신이 직접 시행한 투자를 예로 들면서 멀티 투자 시스템의 적용 및 운용 방법을 구체적이고 상세하게 해설한다. 상승장에서 남들보다 더 많이 버는 것은 물론 하락장에서 남들보다 더 적게 잃거나 오히려 수익이 발생하고, 심지어 횡보장에서도 수익을 창출하는 시스템을 자신이 만들었듯이 당신도 충분히 만들 수 있다고 친절하게 알려준다. 한발 더 나아가 이 아이디어를 바탕으로 당신 자신만의 멀티 투자 시스템을 구축해 스트레스 없는 투자수익을 창출하면서 인생을 즐겁고 재미있게 살라고 조언까지 해준다. 정말 꿈만 같은 이야기이지 않은가?

이제 이 책을 선택한 당신 차례다. 저자의 말처럼 이제 멀티 투자 시스템을 활용해 당신 자신만의 스트레스 없는 투자수익을 창출하는 새로운 세계를 탐험해볼 때다. 저자가 알려준 길을 한 걸음씩 쫓아가다 보면 시장의 변화나 심리적인 기복에 전혀 영향을 받지 않는 경이로운 투자 신세계가 눈앞에 펼쳐질 것이다. 멀티 투자 시스템을 투자의 동반자로 삼아 자신만의 투자 세계를 구축해나간다면 투자수익과 재무적 자유라는 두 마리 토끼를 잡고 당신만의 황금 도시를 건설할 수 있을 것이다. 나 또한 주식 투자를 처음 시작했을 때 이 책을 읽었다면 나의 투자 인생이 180도 달라졌을 것으로 확신한다. 저자가 그랬듯이 당신도 분명 할 수 있다!

박성웅

옮긴이 **박성웅**

서강대학교 경영학과를 졸업하고, 서울대학교 국제스포츠행정가 석사과정을 수료했다. 졸업 후에는 국내외 기업에서 투자와 컨설팅 업무를 하는 등 창업과 투자에 대한 업무를 했다. 현재는 스포츠 분야에 종사하고 있으며, 스포츠를 통한 개발도상국 지원 및 발전을 위해 심층적으로 연구를 하고 있다. 전 세계 100여 개국을 여행했으며, 국내·외 스포츠 심판 자격을 다수 보유하고 있다. 좋은 책을 혼자만 보는 것이 너무 아까워 번역을 시작했다. 앞으로 다양한 양서를 독자의 눈높이에 맞는 좋은 번역으로, 100권을 우리글로 옮기는 것이 목표다. 옮긴 책으로 《나는 매일매일 부자로 산다》가 있다.

감정에 흔들리지 않는 멀티 투자 시스템

자동으로 고수익을 창출하는 주식투자

초판 1쇄 인쇄 | 2021년 1월 5일
초판 1쇄 발행 | 2021년 1월 12일

지은이 | 로런스 벤스도프
옮긴이 | 박성웅
펴낸이 | 전준석
펴낸곳 | 시크릿하우스
주소 | 서울특별시 마포구 독막로3길 51, 402호
대표전화 | 02-6339-0117
팩스 | 02-304-9122
이메일 | secret@jstone.biz
블로그 | blog.naver.com/jstone2018
페이스북 | @secrethouse2018
인스타그램 | @secrethouse_book
출판등록 | 2018년 10월 1일 제2019-000001호

ISBN 979-11-90259-45-3 03320

• 이 도서의 국립중앙도서관 출판예정도서목록(CIP)은 서지정보유통지원시스템 홈페이지(http://seoji.nl.go.kr)와 국가자료종합목록시스템(http://www.nl.go.kr/kolisnet)에서 이용하실 수 있습니다. (CIP제어번호 : CIP2020053798)